Impressum

Herstellung und Verlag

BoD-Books on Demand, Norderstedt

Copyright 2022/ Thomas Spiegl

ISBN: 978-3-7557-2794-1

Unvermeidliche Einleitung und magische Zubereitung mit Schwung, hält durchaus jung.

Neuer Käse oder kein Käse aus dem 23Zauberland777   23.1.2022
Entscheiden Sie, Magie, Schizophrenie oder doch Käse wie nie???

Eine spirituelle alternative esoterische magische Anleitung in Wort und Bild, für jedermann verständlich als kraftvolle mächtige energiegeladene Inspirationsquelle, Hilfestellung, Wegweiser zur eigenen Selbstheilung, wenn man denn mal etwas zulassen kann dass wissenschaftlich, materialistisch und technisch nicht erklärbar ist.

Meine Erfahrungen als selbsternannter spaßiger verträumter Zauberer 23ZANAS777 im alternativen zusätzlichen Umgang bei einer bösartigen und blödartigen Erkrankung mit ohne Abdankung.

Es sind absurde, aber sehr effektive Ideen, die ein tieferes Verständnis unserer Welt erfordern und unseren Platz darin neu oder besser, anders beschreiben und deuten. Nur wenn man in der Lage ist den Geist zu öffnen kann Heilung auf einer tieferen Ebene stattfinden, um man muss sich kümmern oder kümmern lassen.

Es mutet alles kindlich und verspielt an, es findet sich ein individueller Umgang mit unseren blockierten, bösartigen und destruktiven Energien.

Es stellt das technisch-materialistische Denken auf den Kopf und versucht die spirituelle esoterische transzendente Sicht der Dinge als unverzichtbar mit in den Alltag einzubeziehen.

Thomas Spiegl, als spaßiger Zauberer 23ZANAS777 mit seinen absurden symbolischen alternativen magischen Ideen für jedermann und jetzt gehen wir an die Sache ran.
Aber dann…………

Mutter sein 25.4.2020

Man sagt das Glück der Erde liegt auf dem Rücken von Pferden
Schöner wäre, es liegt im Mutter sein und werden
göttliche universelle Schöpferkraft in sich zu tragen   99.
7   ist die Antwort auf viele ungeklärte Lebensfragen,
man muss Alles um sich für das beginnende, unschuldige Leben motivieren
und schon krabbelt vor einem das liebste auf allen Vieren
Du erkennst schon bald seine Umwelt im fröhlichen Kindergesicht
gut behütet schreibt es Dir auch bald ein süßes Gedicht
das Kind sein, Spaß haben, vor sich hin träumen ist in vollem Gange 81
wenn ich an die kommenden Schultage denke wird mir bange
Das Elternhaus ist und bleibt entscheidend beim Erziehen
verlaßt eure Kinder nicht und bitte nicht vor Verantwortung fliehen
was bestimmt hilft ist eine Mischung aus anti autorität und autorität
vor allem aber gerecht, liebevoll sein und dabei allzeit fair (an) 72
4 ihr lieben liebenden Mütter von heute und morgen
seit euch bewußt ihr band die Zukunft mit hoffentlich weniger Sorgen
indem ihr achtsam und behutsam Leben anschiebt
belohnt ihr euch mit einem Kind das euch immer liebt
gebt euern Kindern einen Sinn in all dem Unsinn mit auf den Weg
ein liebender Mensch der sich im Gegenüber erkennt ist dann der Beleg
die Natur, was uns bestimmt, pflanzte in uns hohe Werte
Freiheit, Gleichheit, Gerechtigkeit, liebe Mütter verteidigt unsere blaue Erde 69
Solange unsere Kinder vor Freude lachen und kichern
wird die Menschheit bestehen das kann ich euch versichern
1   nutzt die Möglichkeiten für eure Lieben die sich so bieten
rastet nie ein, gebt niemals auf und schafft immer wieder Frieden 61
denkt daran, das Universum kann sich durch uns Menschen selbst erkennen
ich die Kinder von morgen und übermorgen wollen hier fröhlich umherrennen
9   von Thomas Spiegl   732

Liebe Kinder heute ist es wieder soweit
wir machen Party, es ist eure Zeit
aus nahem und fernen Land
legt ihr eure Kräfte zusammen, Hand in Hand
eure Macht in Ruhe und Stille beim Träumen geboren
damit werdet ihr euch jetzt in die Herzen eures Mitmenschen bohren
ihr bewegt jetzt gleich die Welt
auch mal ohne Geld
ihr werdet das Unfassbare erleben
ihr erzeugt sogleich ein gewaltiges Erdbeben
beflügelt von mächtiger Magie
zwingt ihr selbst die Mächtigen der Mächtigen in die Knie
ihr wandelt die Ruhe in fürchterliches Getöse
ihr bengt alles, selbst das „Böse"
genießt diesen ewigen Moment
und fühlt wie die Luft gleich brennt
ihr seid die tolle Kinder, die „Weltbesten" wie es heißt
ihr brecht selbst das dickste Eis, ganz dreist
ihr fordert Liebe, kuscheln und Geborgenheit
gestern, heute, morgen bis in alle Ewigkeit
Nun laßt uns beginnen
wir werden alle Herzen gewinnen
Seid ihr nun wirklich bereit
für diesen einzigartigen Moment in der Ewigkeit und Unendlichkeit

von Thomas Spiegl

7

72

21

14

49

024

81

61

63

99.

Alles und jeder kennt und liebt sie
    die „Zauberhafte Magie"   72   99.
nur allzu oft lassen wir uns vom Materiellen verzaubern, knebeln
ausschließlich mit dem Fassbaren beschäftigt, unsere Sinne vernebeln
   es ist sinnlicher den Blick auf das Einfache zu richten
   auf die kleinen lieben und süßen Lebensgeschichten
   den „Magischen Moment" zu fühlen
und dabei den überhitzten Geist etwas runter kühlen   81
   mit unserem Denken, unserem Bewußtsein
   schlagen wir dann wieder den richtigen Weg ein
  mit einem „Entwaffnenden Lächeln" unterwegs
bestichst du Alles und Jeden, so als kleiner Scherzkeks   7
  du zauberst Deinem Gegenüber das Lachen ins Gesicht
   einfache liebenswerte Magie die jedes Eis bricht
„Wahre Magie" geht mit Liebe und Verständnis einher
   69   das zu lernen ist keineswegs schwer
unsere Gedankenwelt, unsere Sichtweisen positiv stimmen
das Feuer wird entfacht, vorbei das „Vor sich hin klimmen"   21
   mit Phantasie und starkem inneren Glauben
versetzen wir Berge, wandeln uns wie kleine Raupen
mit guten und ehrlichen Gefühlen zaubern, alles tief berühren
und schon öffnen sich einem die „Himmlischen Türen"   14
„Wahre Magie" führt zu unserem tief sitzendem guten Kern
die Liebe kehrt zurück, sie ist jetzt greifbar und nicht mehr fern
    von Thomas Spiegl   732

23   Das schönste Wassergedicht 77   25.4.2020

Das Wasser verdient der Welten schönstes Gedicht
vernachlässigt, verschmäht werden will es nicht   63
einmal Sauerstoffatom, zweimal Wasserstoffatom als Gas
verbunden wird es zum Erstaunen flüssig, was für ein Spaß
sauber und rein sollte es sein, danach lohnt es sich zu streben   61
wir verbinden Wasser mit Fruchtbarkeit, mit Leben
die Wissenschaft stellt es einfach nur als Molekülverbindung dar
Wasser in seiner reinen Form kann mehr, jedem Kind ist das klar
H_2O ist fast allem enthalten was uns umgibt
darum wird es auch von Mensch und Tier so begeistert geliebt   49
wir verschmutzen es achtlos, wir kennen die Schattenseiten
wie können wir uns da noch leiden, so etwas gilt es unbedingt zu vermeide
oft allzu hart umkämpft, wir sollten es fair teilen 99.   7:
sich der Umstände bewußt werden und nicht am Chaos feilen
Wasser bildet Strukturen, Wasser hat Gedächtnis
welch wunderbares schöpferisches Vermächtnis   8:
die Konsequenzen unserer Handlungsweisen überdenken
wir könnten uns alle mit Lebendigkeit beschenken 21
(227)   da hilft auch kein Jammern und Flehen
So nach und nach muß bei jedem von uns etwas Positives geschehen 14
die Mächtigsten, der Mächtigen sind ebenso gefragt   7
weises Handeln ist auf allen Ebenen angesagt
gönnt euch öfter mal einen stillen Moment an einem großen Wasser
und das Gierige und Unvorteilhafte in euch wird deutlich blasser
von Thomas Spigel   732

(Ich), der seelisch Kranke

der Körper wie gelähmt, kein ruhiger, kein vernünftiger Gedanke
endlos quälend dreht sich die Gedankenspirale
woher nur mit einem Male?   14

Verzweifelt, alleingelassen am Sinnen
wie konnte nur so etwas Furchteinflößendes beginnen?   7
von allen Seiten kommt gut gemeinter Rat   21
vorerst; man wandelt einsam auf verlorenem Pfad
keine Schule konnte einen darauf vorbereiten   99.

was einem plötzlich, alle möglichen und unmöglichen Ärzte unterbreiten
man klammert sich hilflos an jeden seidenen Faden
selbst die eigenen Lieben sind einen jetzt so nach und nach am verraten

stehen, liegengelassen in der wirklichen Unwirklichkeit   81
schlimme Gedanken reihen sich aneinander, man ist zu Allem bereit
ist dieser ewige zerstörerische Moment erst einmal manifestiert
ein jeder, selbst der Starke, den Halt verliert   (037)

Wir müssen uns gedemütigt, entblößt gegenüber treten   63
Sie fallen jetzt wie Dominosteine, die vorgeschobenen Ausreden
oft entscheiden Begegnungen, als gute Wegweiser, in diesen schweren Stunden
alles Bequeme abstreifen, schmerzhaft wird sich, nun neu erfunden
ein Stück weit sein eigener Lehrmeister werden   61

andre Bindungen mutig eingehen, sich neu erden   49
ohne Furcht, mit Hilfe, vorwärts schreiten lernen
eines lieben Tages greifst Du wieder nach den Sternen
ist man erst gewöhnt an das Ungewöhnliche, eingestellt   72

Du wirst Sie wieder lieben, Deine kleine bescheidene Welt
vielen lieben Dank, liebes Universum, mein beständiger Helfer, mein Held
in einer Zeit in der sich manches anders, vielleicht aber auch göttlich verhält
von Thomas Spieß

732

Wir wollen alle König, Kaiser, am besten Superhelden sein
Schicken wir ihn los, ausgestattet mit Kraft, Energie und Sonnenschein   81
      der Held verläßt seine Familie, sein Heim, sein Haus
es zieht ihn in die allzu verlockende, ihm unbekannte Welt hinaus
der Held muss zunächst einen mächtigen Gebirgszug besteigen
er überwindet mit Leichtigkeit jeden Berg, die Natur will am Verzweigen
er findet sich wieder in unendlicher Weite, in blühender Steppe ga
immer geradeaus laufen, anstrengender als jede Himmelstreppe
am Ende der Kraftanstrengung versperren Riesen den Weitergang
er verhandelt, verhält sich, trumpfvoll, redet ohne Belang
der Held darf passieren, vor ihm Wasser, unheimlich, tief und weit   1
      es baut ein Schiff, setzt die Segel, ist zu allem bereit   72
er muß nicht lange warten, die See sich mächtig am Aufbäumen
allen Mut, alle Kraft am Einsetzen, keine Zeit zum Träumen   7
das Meer beruhigt sich, jetzt taucht das mächtige Seeungeheuer auf
      er bezwingt abermals, ändert der Welten Lauf   21
der Held überwindet weiterhin alle Angst und jedes nur erdenkliche Abenteuer
er scheut keinen König, noch nicht einmal Vulkane mit speiendem Feuer
einmal um die bekannte Welt gereist gibt es nichts mehr zu überwinden
er erreicht sein Dorf, muß dringend seine Seele verbinden   (Og)   4
er wird übermäßig mit Jubel und Freude empfangen
alle, selbst die Tiere, wollen unbedingt in seine Nähe gelangen
doch mit Entsetzen betrachtet der Held die ihm vertrauten Gesichter 61
er sieht jetzt Schergen um sich, wie in seinen Abenteuern, er ermordet der Richt
er zieht sich zurück, zum Nachdenken, tief betroffen am Sinnen
hier war alles wie unterwegs, warum mußte er nur seine Reise beginnen?
      er hätte sich nur umschauen, in sich hinein hören müssen   63
die Erkenntnis öffnet schlagartig seine Seele, sie ist ihm jetzt liebevoll anzulügen
von Thomas Spiegel   732

Entschlüsseln wir ihn, den magischen Code
und bringen die traurig angeheizte Erde wieder ins Lot
   wir leben in der Welt des Relativen   72   63
  unsere Realität nutzen wir leider elar im Primitiven
mit Magie können wir eine Illusion in der Illusion erzeugen
das Publikum wird hinters Licht geführt und können es bezeugen   99.
  aber woraus besteht der ganze Quatsch, woraus besteht die List
Magier überschreiten Grenzen, bespielen, woraus Materie aufgebaut ist
   Sie können tief in die Menschenseele hineinblicken   61
sind feinfühlig um uns dann permanent in den April zu schicken
   die Magier pendeln zwischen den Welten

zischen dem Absoluten und dem Relativen, sind uns dreist am absoluten   49
   die Welt des Absoluten ist die Welt der Phantasie
Magier richten ihren Blick nach innen, finden ihre eigene, individuelle Magie
   jeder Mensch kommt mit gewissen Anlagen auf diese Welt
agier finden Zugang, werden Medium, verblüffen unterm Himmelszelt   21
was um uns herum passiert findet auch in uns statt
ie meditativen Bilder angleichen und die Sache läuft nach einer Weile glatt
man sollte seine Energiezentren kennen und sensibel kontrollieren
   seine Grenzen achten und lernen schnell zu reagieren   (057)   14
man muss sich einüben, mal was ausprobieren, mutig sein
unbeirrbar seinen Weg gehen und die zauberhafte Magie ist dein
   man findet die Impulse in sich, muss Kind bleiben   81
aber bitte Vorsicht, mit Liebe zaubern, nichts übertreiben
   seine Umwelt abwägen, seinen Körper hegen und pflegen   7
nd der Zugang stellt sich ein, jetzt kann man die Massen erregen
e besten Magie sind jene die die meisten gleichzeitigen Magier erschaffen
ie kleinen Magier einweisen, sie anleiten zum Zaubertier, zum Zauberaffen

20h Spiegl
Hames   730

Eine Anleitung um beim Zauberaustritt ins Zauberland777 zu reisen.
Das Zauberland heißt das morgen, ein Land in dem alles schöner,
lustiger und liebenswerter ist. Ein Land voll von Phantasie und
Kreativität, ein absolutes, magisches zauberhaftes Land. Dieses Land
befindet sich in unseren Herzen und damit ist nicht zu Scherzen.
Es ist das Land der Liebe und keiner braucht dort Angst zu
haben dass es ihm an irgendetwas fehlt.
Wir fliegen ins Zauberland als Zauberadler oder als Zauber-
Schmetterlinge, Kleine wie Große. Wir stellen ein Glas Leitungswasser
in die Mitte und prüfen mit dem Pendel, Einhanderute oder am
Besten mit der Wünschelrute aus Eisen, Stahl.
Alle heben ihre Arme für den anstehenden, etwas anstrengenden
Flug. Kleine Flugübung. Dann fliegen wir los in irgendeine
Richtung übers das Haupt eines Kindes. Wir heben ab und fliegen
100 km hoch und verlassen unsere Erdatmosphäre.
Wir fliegen zuerst gegen die Sonne an der 400 Grad Celsius heißen
Venus vorbei. Wir drehen eine Runde. Wir fliegen zum Merkur
der sich als einziger Planet im Sonnensystem gegen die Richtung
aller anderen dreht. Wir drehen eine Runde und fühlen über
1000 Grad Celsius. Wir fliegen dann direkt auf die Sonne zu, jetzt
wird es sehr heiß, die Oberfläche weist 6000 bis 7000 Grad Celsius
auf. Im Inneren der Sonne sind es über 5 Millionen Grad Celsius.
Es findet dort Kernfusion statt, in der Licht und alle Atome aus
denen wir bestehen verbrennt geboren werden. Wir alle bestehen
aus Sternenstaub der in Sonnenstürmen an unserem Nacht und
Taghimmel fusioniert wird. Kernfusion ist wenn Atome miteinander verschmelzen und ein anderes Element, ein neues Atom
entsteht. Atome, Moleküle werden von uns als Materie, als Feststoff
wahrgenommen. Atome sind in Wirklichkeit mit hoher Eigengeschwin-
keit in Bewegung (das Elektron dreht um den Protonen und
Neutronenkern, beim Wasserstoff sind es über 1 Milliarde
Umdrehungen in der Sekunde). Atome sind somit Energie wie
1 hoch minus 20, also sehr klein.

Als „Abfallprodukt" bei der Kernfusion entsteht Licht und Wärme
ohne das kein Leben existieren könnte.
Wir fliegen zurück am Merkur, an der Venus und an der Erde
mit ihrem großen schönen Mond vorbei. Wir drehen eine Runde
um den Roten Planeten Mars, der vielleicht auch schon mal vor
langer Zeit belebt war. Er ist rot weil auf ihm viel Eisen
vorkommt wie in unserem Blut, welches dann in uns den
Sauerstoff transportiert.
Wir fliegen zum Jupiter, den ersten von vier Gasplaneten
im Sonnensystem, es besteht fast ausschließlich aus Wasserstoff
und Helium. Es ist der rote Riese und der größte Planet
in unserem Sonnensystem.
Wir fliegen weiter zum Saturn, wir kaufen nichts ein, es ist
ein Gasplanet und kein Geschäft. Auf seinem Mond Europa
möchten Menschen siedeln. Ist aber ein dummer „Quatsch"
Als nächstes kamm der Gasplanet Uranus und der letzte Gasplanet
Neptun, Wir drehen eine Runde und verlassen dann vorbei
am Pluto (ehemaliger Planet) unser Sonnensystem und bewegen
uns in die Milchstraße hinein.
Wir steuern direkt auf das Zentrum der Milchstraße zu in dem
sich das Schwarze Loch „Sahitarius A" befindet. Ein Schwarzes
Loch zieht alle Materie und sogar Licht in sich hinein.
Wir lassen uns hineinziehen und purzeln auf der anderen
Seite raus. Ein weißes Loch, wie nach einem Urknall.
Alles ist hier spiegelverkehrt, es ist das Universum von
„Morgen". Ein zauberhaftes Universum, ein Universum
der Liebe, Phantasie und Kreativität.
Wir fliegen jetzt an der Andromeda Galaxie vorbei und
passieren 777 weitere Galaxien die mindestens 100000 Lichtjahre
groß sind. Wir finden unsere Zaubergalaxie, tauchen ein
in die spiralförmige Scheibe und nach 777 weiteren

Sonnensystemen taucht unsere Zaubererde, mit ihren sieben Planeten und ihrer zauberhaften Sonne auf.

Wir tauchen in die Atmosphäre der Zaubererde ein und gleiten im Segelflug nach unten, beim Landen verwandeln sich alle Anwesenden in Zauberlehlinge und in unserer Mitte entspringt eine Quelle mit einem sehr starken magischen Zauberwasser (das Leitungswasser). Jetzt prüfen wir mit dem Pendel, der Einhandrute und der Wünschelrute. Bitte als Referenz, Bestätigung auch ein Kind oder Betreuer.

Das magische Zauberwasser macht lustig, gesund und glücklich. Man kann sich etwas wünschen. Ich würde im Sommer einen Regenbogen vorschlagen, am Besten doppelt, und im Winter würde ich Schnee wünschen.

Eure subjektive Wahrnehmung, Freude daran ist euer magisches Geschenk. Und mal schauen was sonst noch so passiert. Vielleicht reicht uns das Universum ja ein magisches Zeichen.

Eventuell das Zaubergedicht vorlesen und ein sehr lautes Kinderfrommelfeuer veranstalten. Den Wunsch eines jeden und der Gruppe ins Zauberuniversum hinausgeben.

„Mal schauen, sich was trauen"

Jeder der Anwesenden kann bei Bedarf wieder ins Zauberland 777 zurückkehren und sich von da Energie, Liebe, Laden, Freude und Magie, etc. holen und mit anderen teilen.

In Ruhe und Stille
findet sich schöpferischer Wille   14
um uns aus dem Formlosen zu heben
um anzukommen, um freudvoll zu leben   7
der inneren Bewußtseinsexpansion rauschen   81
sich am Lautlosen berauschen

Fühlung aufnehmen   61
mit dem Unbequemen
einfach mal die Form, das Faßbare wegschieben
anfangen tief und leidenschaftlich zu lieben
sich mit allem was ist vernetzen, verzweigen   72
sich in Demut verneigen
der inneren Eingebung vertrauen
aufhören auf Sand zu bauen   (057)   63

Balance finden zwischen den Polen
der Lärm, die Unruhe wird weggestohlen   49
im Moment aufgehen   21
wortlos, lautlos verstehen
sich dankbar zeigen, Mut generieren   99.
die Schöpfung einatmen, registrieren

von Thomas Spiegl   732

Man sagt „Wahrheit ist eine bittere Medizin"
sie ist beängstigend, etwas vor dem" wir gerne fliehn
    aber wie kann man Wahrheit definieren?   81
    Sie finden und portionsgerecht servieren?
    Wahrheit geht mit Ehrlichkeit einher
das umzusetzen fällt vielen Menschen unglaublich schwer 99.
es scheint universelle, übergeordnete Wahrheit zu geben
das „Wohl sein" wird gefördert, etwas wonach alle streben
wir" suchen oft nach endgültiger Wahrheit in unserm Umfeld
gefühlte Wahrheit ist etwas dass von innen heraus erhellt
        Sie stößt Veränderung an   72
        damit sich" Neues sortieren kann
    Wahrheitsfindung wird uns in die Wiege gelegt   14
schade nur wie ein gut behütetes Kind den Umgang damit pflegt
        Wahrheit beinhaltet das Lebenswerte
auch und gerade bei einer konstruktiven Beschwerde   49
die Konsequenz ist Gerechtigkeit, das Herz unterscheidet (06-1)
        gefühlte Wahrheit ist und bleibt
    alles in Gesetzten und Vorschriften niederschreiben   7
etwas Bewegliches dingfest machen, wir neigen zum Übertreiben
        findet Wahrheitsfindung nur am Rande statt
    Schreibt es auf jedes Plakat: „Ich habe es satt"   21
    man braucht Dialog, ein würdevolles Gegenüber
danach steht ein klein geschriebenes Wort „Wahrheit" darüber
                                                    61
    wie Kinder unbefangen an die Sache ran gehen
man fördert sein Eigenes und der Menschheit Bestehen
    den Nadelstich, den Schmerz überwinden   63
es lohnt sich immer „tiefgründige Wahrheit" zu finden
von Thomas   Thomas 782

49

Heute schon mal herzhaft gelacht?
oder irgendwelche lustigen, verrückten Sachen gemacht?
Wir gehen leider all zu oft ohne Minute aneinander vorbei
Lachen hilft doch Begegnen, macht einfach frei
selbst Tiere sprechen auf ein spontanes Lachen gut an   99.
ein Moment zum Zentrieren, indem man runterfahren kann
ein liebenswertes Lachen bewegt alle Muskelgruppen
unsere innere Schönheit kann sich zeigen, regelrecht entkoppen
jedes kleine Kind kann ein ehrliches Lachen unterscheiden
ein aufgesetztes Lachen ist es sofort am Meiden   14
Lachen als hervorragende, kostenlose Medizin
wir bekommen göttliche Teilhabe geliehn, verliehn
Lachen steht an zum Gesunden   72
selbst größtes Leid wird damit phasenweise überwunden
Lachen funktioniert am Besten ohne jegliche Drogen
ist man davon beeinflußt wirkt es verlogen   81
unser liebenswertes, entwaffnendes Lächeln ist angeboren
bemüht euch, gebt es nicht ständig verloren
alle Kinder sind gerne am Lachen und kichern
um sich, uns zu bewahren und zu versichern
ist irgendwo Lachen unerwünscht, sogar verboten   61
setzt alles daran, entfernt euch, löst den Braten
herzliches Lachen kann man nicht erzwingen
aus dem Bauch heraus, damit kann es gut gelingen   21
mit einem entwaffnenden Lächeln unterwegs sein
und das Positive und Liebenswerte stellt sich ein
also mehrmaliges, tägliches Lachen nicht vergessen
und sich an emotionalen Wertigkeiten messen   7
63   Lachen ist pure Magie
tragt es in die Welt und verändert sie

von Thomas

732

Unsere Motivation

Kennt ihr die Antwort schon?   81

Sich fragen was einen so antreibt

hinterfragen was von uns bleibt   99.

Worin liegt des Lebens Sinn?

bekomme ich jeden Tag tiefe innere Zufriedenheit hin?

immer wieder seinen Platz im Universum suchen   49

ein gesundes, friedliches Umfeld buchen

sich Rückmeldung holen bei Freunden, Bekannten, Kollegen

gute Begleiter um sich scharen auf allen Wegen

wenn möglich die Dinge positiv besetzen

aufhören sich und andere unbedacht zu verletzten   61

Übermotivation kann genauso schaden

Sich nicht mit Reizen überladen

Spaß und Lebensfreude in den Alltag einbauen   21

Seiner inneren Stimme vertrauen

Seine ureigenste Bestimmung finden

Sich mit dem Transzendenten verbinden   7

fragt man sieben mal warum -

dann erscheinen die meisten Beweggründe entsetzlich dumm

Liebe ist das einzige universelle Programm

damit bricht selbst der dickste Damm

ich möchte mich wohl fühlen   (077)   63

die Unruhe um mich runter kühlen

Motivation weitereichen

Hilfestellung geben beim individuellen Eichen   14

die Antriebsmechanismen einfach halten

öfter mal einen Gang runter schalten   72

ist man richtig motiviert

wird der entsprechende Energiefluß garantiert   69

die Seele findet sich im Sein

mit viel vergnügtem Sonnenschein

von Th. Spiegl
Thomas

Herzlich willkommen in der Onkologie
„Lieber Gott" bitte, mir zittern die Knie   69
am Ende der irdischen Welt angekommen
mir wird schlecht, das Herz wird beklommen
zum Ende wollen wir alle Zeit gewinnen   81
Hilfe, jetzt bin ich bald entstellt und von Sinnen
der ewige Bewußtseins Wandel steht an
wie ich dem nur begegnen kann   7
Seit Anbeginn der Zeit, dem Urknall
wandelt sich geheimnisvolles Leben überall   21
4 Milliarden Jahre zurück, es entstehen Einzeller
vor 700 Millionen Jahren bewegen sich komplexe Lebewesen schneller
ein Tier geht ins andere über
auch an uns geht das nicht vorüber.
wir nehmen das Materielle, das Fassbare viel zu wichtig   49
am Abgrund wird jetzt jede Gier und Gemeinheit nichtig
das Leben zieht wieder und wieder an uns vorbei
mit Tapferkeit und lieben Menschen kommen wir nochmal frei
es gibt nur eine Zeit, das „Hier und Jetzt"
im Moment verweilen, es wird oft unterschätzt   63
sind wir nicht hier, sind wir anderswo
vielleicht irgendwo im Nirgendwo
wir sind Fleischgewordene Energie   61
Homo Saphiens Magie
an diejenigen die vorerst bleiben,
bitte Wahrheit, Gerechtigkeit, Freiheit eintreiben   14
dieses Gedicht soll trösten und Mut machen   72
nach Leid und Trauer kommt auch wieder Lachen
der Tod und das Leben sind eins, durch Dunkelheit ans Licht
ohne Schmerz funktioniert das leider nicht   99.
denkt daran, das Universum kann sich durch uns Menschen selbst erkennen
sich in Liebe zum ewigen Wandel bekennen

von Thomas Spiegl   732

Die geheimnisvolle Liebe steht für die stärkste Zuneigung und Wertschätzung
eine intersubjektive Anerkennung, eine universelle Wertsetzung
ein emotionales Liebhaben, ein warmes angenehmes Begehren
ausgedrückt durch eine tätige Zuwendung, die wir gerne bescheren
eine Hinwendung zum Anderen mit Aufmerksamkeit und Zärtlichkeit
alles Tun sollte aus Liebe entspringen, am Besten mit viel Fröhlichkeit　69
es gibt Liebe als tiefe Vertrautheit, mit bündelnder Zuneigung, im Familienverbund
mit liebenden Eltern und Geschwistern läuft die Sache rund
　　auch erhältlich als Geistesverwandschaft
81　ausgedrückt durch Freundesliebe und Partnerschaft
helfendes Handeln zum Wohl der Menschen als Nächstenliebe　72
achtsam, behutsam anschieben, die zarten Knospen, die kleinen Liebestrieb
ersichtlich durch Komplimente, Rituale, Kosenamen, Küssen und Liebesbrief
man bewegt die Welt auf einfache Art und Weise sehr sinnlich und tief
die erste Liebe scheint zur einzigen im Ewigen und Unendlichen, auserkoren
in der zweiten Liebe, nach einer Weile, geht der höchste Sinn verloren
dennoch in Gegenwart von Kindern sollte man Liebe stets bewahren
lehren wir Liebesfähigkeit, beschützen wir die kleinen Lieben vor Gefahren
eine Atmosphäre der Angst bremst den Liebesfluß aus
gefährliche Abgrenzung, energiezehrende Lieblosigkeit ergibt sich daraus
die Liebe zu Gott macht betroffen, es folgt Idealisierung und Liebeswahn
die Massen verrennen sich, so wird Liebe verstört
das schlimmste Schlimme erscheint immer noch, als Liebe
es ist wie ganz viel wenig Liebe, ein Ausdruck der Seelendiebe　14
Gefühls-, Willens- und Tatkraftdrang uneigennützig angewandt
so schließt sich der spirituelle Kreis, man schmiedet das tiefsinnige Band
aus Liebe entspringt Wahrheit, Gerechtigkeit und Freiheit
begleitet von Lachen, Entspannen, dem Positivem das befreit　49
es erfordert viel Kraft und Mut sich immer wieder für die Liebe zu entscheiden
der Lohn, unendliche ewige tief erlebte Liebe, läßt sich dann nicht vermeiden
die stärkste Liebe kommt natürlich von einer Mutter　21
als unauslöschliches, alles belebendes transzendentes Futter
einfach mal ein bißchen Liebe zulassen　7
und sich viel mehr mit unseren Kindern befassen
die Liebe erscheint uns oft unerträglich in ihrer Vergänglichkeit
doch als wiederkehrende Energie bereitet sie tröste beleb ... verborgene Schätze

von Thomas

Thomas
732

Der Regenbogen, ein himmlisches göttliches Zeichen?

ich werde euch jetzt ein mein Verständnis dafür reichen   7

nüchtern physikalisch gesehen

ist es ein atmosphärisch-optisches Phänomen

das Zentralgestirn im Rücken

den Blick nach vorne gerichtet zu unseren Entzücken

be scheint die Sonne eine Regenwand

entsteht ein magisches kreisförmiges Lichtband   14

gute Lichtverhältnisse erzeugen einen Nebenregenbogen

tliche Ausstrahlung, himmlisch! geglättete Bogen

ein Regenbogen erscheint in sechs Farben

an seinem Ende kann man Gold ausgraben

des Regenbogenmythos, immer wieder neu und eigenständig erdacht

tliche Ausstrahlung, absolute überirdische optisch veranschaulichte Macht

in allen Gesellschaften, geheimnisumwittert manifestiert

in der Kunstwelt als Motiv garantiert   21

Mondregenbogen, Nebelregenbogen, Taubogen, Zwillingsregenbogen

nomas) Spiegelbogen, beim Tagträumen wird anmutig abgelogen

wenn uns das Universum solch ein wunderschönes Zeichen reicht

fühlen wir wie uns positive Energie, Zauberei beschleicht

der Zeitpunkt ist entscheidend beim individuellen Denken

altet inne, zentriert euch beim Betrachten der unsinnlichen Freuden

ein Regenbogen verzaubert alle Kinder

Sie sagen dann: "So etwas sieht doch ein Blinder."

Fühlt in euch hinein   49

laßt es für einen Moment einfach mal Liebe sein

der unvergessliche Augenblick erzeugt belebende Energie

Seit dankbar, genießt die heilende optische Magie

noch mögt ihr eines lieben Tages über die Regenbogenbrücke schreiten

Seit ihr in Unendlichkeit vereint, befreit von allen Leiden

mit Phantasie möchte ich euch jetzt das geträumte Regenbogenfest schenken

und einen magischen bunten Lichtstrahl in eure Seele lenken

von Thomas Spiegl   792

Wir erschließen jetzt zusammen die individuellen medialen meditativen Welten um Antworten zu finden die man nicht googlen kann.

Seit sehr langem habe ich diesen Tag herbeigesehnt, heute Mittwoch ist der 24.11.2021, um mich noch einmal mitzuteilen, das Unvermeidliche klopft an die Tür, ich muss mich leider etwas beeilen. Meine private Situation konnte ich mit viel Mühe und Zauberei beruhigen. Körperlich bin ich stark deformiert, unförmig, brutal und unumkehrbar auf mich zurückgeworfen. Ich sitze mit seit drei Jahren mit Parkinson im Rollstuhl, Angsttrauma, schwere Depression seit dreißig Jahren und seit drei Jahren Krebs, dann wurde es richtig schepps. Ich mußt mich mehrmals im Leben neu erfinden und jetzt bin ich als magischer Dichter777 ZANAS unterwegs, so als Scherzkeks. Durch meine Erkrankungen habe ich eine gewisse Narrenfreiheit und das versuche im positiven Sinne auszunutzen. Ich fühle mich immer noch verantwortlich für die Menschen die nach mir kommen und diejenigen unter uns die nach Antworten suchen und nichts befriedigendes Tiefsinniges finden. Ich halte wie immer alles einfach und verständlich damit kann man jeden auch den Penner, Obdachlosen auf der Straße, geschwächte, ungebildete Menschen ansprechen. Ich habe mich immer in den Dienst der Menschen gestellt, aber jetzt geht das leider nur noch aus einem großen Abstand heraus. Ich sitze hier jetzt abends um 17:17 Uhr an meinem großen Tisch in meiner Wohnküche, habe die Füße hochgelegt und die Tastatur lasse ich mit Kerzenlicht bescheinen. Alle digitalen Geräte sind offline. Kein Handy, kein Internet, ich möchte nicht gestört werden und meiner innere Stimme und Eingeben lauschen, mich am Lautlosen berauschen. Ich halte nicht lange durch im Sitzen zu schreiben, es ist ungewohnt, jahrelang habe ich im Liegen alles geschrieben weil ich nicht mehr die Kraft gefunden habe still zu sitzen. Ich konnte nur mit sehr viel Mühe meine körperliche Präsenz hier auf der Erde bewahren, mußte mich über lange Jahre mit kleinen

Bewegungen am Leben erhalten. Ich konnte mich immer wieder monatelang kaum von einer Seite auf die andere Seite drehen und jetzt sitze ich doch wieder hier und schreibe wie wild drauf los. Mich treibt etwas an das stärker ist als ich, es drängt durch mich unvermeidlich in die Sichtbarkeit und gibt mir am Ende meiner Tage doch den Mut und die Genugtuung weiter zu machen. Ich fühle bei dem Schreiben eine tiefe innere Zufriedenheit, entlastenden Trost nach all dem was passiert ist in meinem Leben. Mein Denken ist schnell, wild und chaotisch, ich dränge mit meiner herzlichen Kunst der ganzen verfahrenen Angelegenheit nochmal meinen Stempel auf, bringe Ordnung ist das Durcheinander, ins Chaos, um mich wieder zu beruhigen und ins Lot zu kommen. Meine goldene Mitte zu finden, wenn man davon sprechen kann.

Manche Leute gehen zurück wenn ich schon mal mit meinem Zauberkäse anfange, aber letzten Endes entspringt Magie doch dem wilden, schnellen und chaotischen Denken. Magie zu leben, heißt nichts anderes als weise zu denken und zu handeln, ich bin bemüht. Ein jeder kann das, wir tragen alle Antworten in uns. Und manche Antworten, gerade die emotionalen bedürfen keiner Worte, es geht darum die Dinge hinter den Dingen zu erspüren und entsprechend zu kanalisieren um Heilung, Fröhlichkeit, „Wohlsein" und innere und äußere Zufriedenheit zu generieren. Wir funktionieren wie alle Lebewesen nach denselben universellen Prinzipien, wir streben nach dem „Absoluten", wir haben eine „Freie Wahl" und wir wollen uns „wohl fühlen", bis hin zum glücklich sein. In meinen Gedichten habe ich all diese Themen aufgegriffen und verarbeitet. Ich habe viel gelesen und viele Filme über Jahre angeschaut, Suchmaschinen habe ich sehr selten benutzt. Die Dinge haben sich wie von Geisterhand auf mich zu bewegt. Und das Gedichte schreiben diente anfangs nur dazu um mir nahestehende Menschen glücklich zu machen, sie zu entlasten. Ich erkannte irgendwann den Wert dieser Verse und Angelegenheit, habe einfach immer weiter und weiter gemacht. Ich konnte Wissen, Erfahrungen meine Weisheiten in die Gedichte

mit einbringen, ich empfinde es nach wie vor als meine Aufgabe diese Dinge in die Sichtbarkeit zu bringen. Ein Herr Einstein sagte mal: „Wissenschaft ist gut, aber Imagination ist besser" und genau da setzt mein spiritueller Hebel ein. Was nützen all die komplizierten Berechnungen von Medikamenten, etc. wenn man den Menschen auf das Niveau einer Maschine reduziert. Wir sind keine dummen einfältigen programmgesteuerten Maschinen, dagegen wehre ich mich entschieden. Wir sind individuell, emotional und wie alle bin auch ich um Liebe bemüht, habe Sehnsucht geliebt zu werden. Ich liebe in der Regel selbstlos, möchte natürlich als behinderter Mensch gut versorgt sein, ich schreibe das hier nicht um Geld zu erwirtschaften sondern um dringend notwendige Veränderung in der Welt herbeizuführen. Alle reden vom Klimawandel, aber es ist doch wohl klar wenn die Menschen sich nicht bereit sind freiwillig einen inneren positiven Wandel bei einem jeden von herbeizuführen, dann verläuft sich die Sache mit dem Klimawandel runterfahren im Sand. Wenn alle alles haben wollen verlieren alle Menschen und das geht wohl jetzt auch durchaus sehr schnell. Es ist zu viel unnötiges Leid in der Welt, es ärgert und verletzt mich. Wir müssen, sollten alle fair durchdacht teilen und verzichten lernen. Unsere Wertigkeiten und Lebensgewohnheiten gehören auf den täglichen Prüfstand, wir brauchen Aufklärung und vielleicht eine Richtung in die wir uns alle gemeinsam bewegen können um diese wunderbare Welt noch solange wie möglich zu bewahren. Ich werde in jedem Fall nicht nachlassen meinen Einfluss auf eine einfache verständliche Art und Weise geltend zu machen. Und bitte alles mit dem Werkzeug Verstand hinterfragen, ich bin hier weder ein Guru oder sonstiger Obermacker, Möchtegerngott, aber ich habe eine Meinung die ich versuche überzeugend vorzutragen.
Am 1.8.2019 hatte ich einen Wunsch an das Universum geäußert, ich habe dafür eine Skizze angefertigt und dieses Blatt in drei Bereiche aufgeteilt. Die reale Welt, die geistige meditative Welt und die seelische spirituelle transzendente Welt. Meine Situation war

aussichtlos, mein Körper lies kaum noch Bewegung zu und mein Bewusstsein war ständig auf dem Rückzug. Innerhalb von einem Monat verlor ich im Liegen fast 10 Kilogramm an Körpergewicht. Ich war nicht in der Lage eine ambulante Chemotherapie durchzustehen. Ich habe den Ärzten sofort gesagt sie sollen bei der Wahrheit bleiben und bitte die Ausnahme zulassen mich stationär zu versorgen bis sich meine private und körperliche Situation gebessert hat oder mir sofort Sterbehilfe geben. Es war ein unaufhörliches brutales abgedrehtes Schmerz-Wachkoma und das bis heute. Trotzdem habe ich nicht aufgehört Mitpatienten Mut zuzusprechen und weiter Gedichte zu schreiben, zu zaubern und zu basteln. Und meine ersten Buchauflagen samt Gedichten hatte ich ein paar Mal als gebrannte CD verschenkt. Es war mir klar wenn ich irgendwie durchkommen würde, dann gibt es eine unglaubliche Geschichte zu erzählen. Ich hoffe es ist auch für sie eine Bereicherung und für den Fall das sie auch unvermeidlich fallen, lasse ich es hier noch einmal richtig für sie knallen. Und jetzt schon mal an all die Wichtigtuer, Nörgler, Unbelehrbaren Rechthaber, ich will hier nicht mit irgendjemanden in Konkurrenz treten, mich profilieren, lasst mich einfach in Ruhe wenn ihr nicht dem Geschrieben einverstanden seit. Hinterfragen ist gut, aber bitte ruhig Blut. Es wird nichts aufgedrängt, alles ist freiwillig, sie können das Geschriebene als Entscheidungshilfe, Wegweiser nutzen, aber eins ist ganz klar, sie entscheiden egal was ist alleine. Sie tragen alleine die Verantwortung für ihr Tun und Handeln. Mein Wunsch ist es das man die wissenschaftliche und technische Hörigkeit runterfährt und mehr individueller spirituelle Wege zur Behandlung miteinbezieht, falls die Menschen das zulassen können. Man sollte die Dinge auch nicht überbewerten, ich bin lieber mit nahestehenden Menschen am rumblöden als mich über Maßen in eine Wichtigtuerei und Rechthaberei zu flüchten. Hinter all diesen Dingen steckt auch immer ein kommerzielles Interesse, ich würde gerne meine neue Wunschkönigen im 23Zauberland777 gut versorgen, mein digitales

Werk und Nachlass befindet sich mittlerweile in guten Händen. Das Geld und die damit verbundene Macht die dadurch durchaus generiert werden kann, fließt dann teilweise uneinigennützig in soziale Projekte wie z.b. das „therapeutische Zauber und Heilen" auf den Vormarsch zu bringen. Das sind einfache liebeswerte kreative spaßige Dinge um Menschen aus dem zwanghaften Alltag zu reisen und zu beleben, einfach mal was selbstlos zurückgeben.

Meine Version und Vision in der Welt zu manifestieren, damit hätte sich doch gelohnt all das erfahrene Leid zu ertragen um es anderen zu ersparen. Es geht im Leben um gute weitsichtige Entscheidungen, wenn man aber keine gute Anleitung als „HöherWeiterSchnellerBesser" bekommt, dann wird der unvermeidliche Ablösungsprozess der Erde vom Menschen nur unnötig beschleunigt. Mit unserem Wissen könnten wir mit Leichtigkeit den brutalen grausamen oft unbarmherzigen Überlebenskampf für jeden Menschen über Nacht runterfahren. Nur dadurch wurde ja auch erst unsere Zivilisation mit ihren vielen bunten Facetten möglich. Es müssten kein Hunger und keine Kriege in der schönsten und schlimmsten aller Welten geben. Ein jeder kann positiven Einfluss erwirken, sich im Gegenüber erkennen, nach Wahrheit mit Ehrlichkeit streben. Nach Gerechtigkeit streben und Freiheit soweit es möglich ist zu generieren. Es entsteht für alle mehr „Wohlsein", auch „glücklich sein", man muss sich eben der Dinge bewußt werden, dann kann man auch seinen positiven Beitrag leisten. Oft werde ich meinen eigenen Ansprüchen auch nicht gerecht, ich musste gerade einen fürchterlichen Trennungsschmerz hinnehmen, ich habe da 18 Monate an einem leibhaftigen Teufel geglaubt bis dann doch vom Glauben abgefallen bin. Zuviel dummer bösartiger Unsinn und Gemeinheit ging unaufhörlich auf mich nieder. Nur durch ein Wunder und natürlich auch durch meine Magie konnte ich mich entlasten und befreien. Vielleicht gehe ich später noch einmal darauf ein, was mir passiert ist, das darf eigentlich nicht geschehen. Ich musste emotionale Gewalt und bis vor ein paar

Wochen auch körperliche Gewalt über mich ergehen lassen.

Ich bin mit letzter Entschlossenheit gegen den Menschen den ich für einen Moment über alles geliebt habe vorgegangen. Ich wollte einfach nur dass diese Gemeinheiten aufhören. Die Dramatik war bis zum 31.10.2021 kaum zu überbieten, aber ich schreiben wieder und mein 23Zauberland777, ich darf hier vielleicht jemanden anderen übertrieben tief und leidenschaftlich lieben für ein paar gute liebevolle Momente. Die beiden vorangegangen Bücher waren meiner ehemaligen Königin im Zauberland gewidmet, ich lasse es ihr vorerst, von meiner Seite aus habe ich die schönen Liebesgedichte nicht nur sehr sinnlich verbindlich geschrieben, ich habe es auch so gemeint und gelebt. Ich habe bis zum Schluss versucht fair zu bleiben, bin aber weil kein vernünftiger Dialog mehr möglich war, einige Male völlig verbal ausgerastet, ich habe mich hilflos gefühlt wie lange nicht mehr. Im Namen aller behinderten und geschwächten Menschen habe ich dann konsequent mobil gemacht, der Teufel hatte einmal zu viel schmutzig über mich gelacht. Es ist auch bisschen eine Abrechnung mit all den gemeinen und niederträchtigen Leuten denen ich zuweilen schutzlos in meinem Leben ausgeliefert war.

Jetzt heißt es noch einmal zaubern und klabautern bis es nicht mehr geht, und dann am Besten „Todlachen", bis dahin lasse ich es hoffentlich mit ihnen krachen.

„SAMS" 23.1.2021

Ich habe verschiedene Möglichkeiten herausgearbeitet um das
„Therapeutische Zaubern und Heilen" umzusetzen. Es besteht seit
dem Jahr 2016 ein Zauberauftritt für kleine und große Kinder,
ich habe diesen einige Male vorgeführt, in einer gekürzten Version
für 45 bis 60 Minuten und einer etwas längeren Version von
ca. 2 bis 3 Stunden. Je nachdem wie ich Kraft und Ausdauer gefunden
habe in all der schmerzhaften leiderfüllten Zeit. Ich habe mich mit
den Zauberauftritten selbst getröstet und wiederbelebt. Ich war
zuweilen erstaunt und auch natürlich erschrocken über die Energie
die ich regelrecht blitzartig erzeugt habe. Ich werde nur noch ein paar
Mal eine solche Aufführung spontan umsetzen, ich befürchte das die
Menschen wie immer nur Geld hinter der Sache vermuten und
penetrant anhänglich werden, es ist mir unangenehm und es ist
tatsächlich schon einige Male passiert. Ich gebe hier gerne die
Anleitung, möchte Vorbild sein und zum Zaubern und Klabautern
einladen, mehr geht nicht mehr. Ich diene lediglich als kreative
Inspirationsquelle, ich wünsche mir dass man zukünftig diese Idee
aufgreift, um diese Welt noch einmal versucht zu einem bessern Ort
zu machen. Mal die Ausnahme zulassen wo es Sinn macht, anderes
neues Denken mit in den Alltag mit einzubeziehen, den Geist zu
öffnen um die eine oder andere zauberhafte „Wohlfühloase" in der
Familie zuhause zuzulassen, neu zu erfinden. Es muss nicht immer ein
Knalleffekt oder ein Feuerwerk veranstaltet werden, schön wäre
einen friedvollen und herzlichen Umgang mit einander zu pflegen,
indem Anstand und Würde eines jeden Menschen gewahrt werden.
Kein Mensch sollte egal was ist, lieblos aufgegeben werden, ein
Menschenleben ist einzigartig und sehr kostbar, auch wenn es schwer
fällt bei all der zwanghaften Betriebsamkeit um einen herum, bitte
nicht resignieren und aufgeben. Ich gebe auch nicht auf solange ich
davon ausgehen kann das ich noch etwas Positives bewirken kann.
Ich habe mich seit ca. 2014 auf die lange zauberhafte Reise begeben

und jeden mir auferlegten Weltschmerz hingenommen, jetzt biete ich ihnen noch ein letztes Mal Teilhabe an meinem 23Zauberland777. Ich habe immer wieder neue Zaubertricks erfunden um meine künstlerischen Sache Ausdruck zu verleihen, ich möchte das was ich mache nicht mehr klein und dumm reden lassen, das ärgert mich. Und wer mich ärgert, der wird sofort konsequent auf Abstand gehalten. Natürlich lasse ich konstruktive Kritik zu, alles kann man besser machen oder entsprechend individuell anpassen.

Manchmal werde ich auch aber schon mal barsch, ich alter Zauberarsch, es gibt Menschen die überstrapazieren meine Geduld und gütige innere Haltung. Ich setze Impulse, gebe schon mal etwas zauberhaftes Gebasteltes mit um die Menschen für einen Moment glücklich und lebendig zu machen. Alles was man an positiven oder auch negativen in die Welt gibt kommt über den Himmel zurück. Ich sitze ja auch nicht umsonst im Rollstuhl, hatte zu viel meine eigenen und die Grenzen meiner Mitmenschen in jungen Jahren überschritten. Bis ich verstanden habe wie das Leben auf einer tiefsinnigen Ebene funktioniert, war mein junges Dasein mit 23 Jahren schon verwirkt. Ich hätte eigentlich zwei bis drei Dutzend Male ganz sicher versterben müssen und ich rolle hier immer noch rum, ich kann mir das nur insoweit erklären als das ich jetzt nochmal die Chance bekomme und auch wahrnehme ein bißchen Lebensfreude und Fröhlichkeit unter die Menschen zu bringen. Wenn ich in die Welt schaue bin ich entsetzt über all diese Ungerechtigkeit und Gewalt, das möchte ich so in dieser Form nicht hinnehmen. Ich möchte wenn es soweit ist und das Unvermeidliche eintritt diese Welt verlassen und gefühlt meinen Auftrag, meine Mission erfüllt zu haben. Bei allen Erkrankungen ist die innere Haltung mit ausschlaggebend, es wird oft völlig unterschätzt was eine gesunde Lebenseinstellung und Ernährung für heilsame belebende Konsequenzen nach sich zieht, natürlich im positiven Sinne. Man braucht Hilfestellung, teilweise über Jahre um wieder auf die Beine zukommen, das Umfeld muss unbedingt mitziehen, es lohnt sich kranke Menschen auch wenn es mal länger dauert in der Familie zu halten, zu schützen, irgendwann kommt jeder mal dran das sollte man nicht vergessen. Und Menschen alleine in irgendeinem Zimmer sterben zu lassen, das geht für mich auch gar nicht.

Dieser einzigartige, wenn auch stark angst besetzte Moment, muss, sollte unbedingt ruhig und friedlich geteilt werden. Nur so kann sich auch eine Gesellschaft vom Wegsehen, Verdrängen zum Positiven entwickeln, ich für meinen Teil habe aktuell die Ruhe und das Alleinsein gewählt, meine neue eventuelle Königin wird mir dann hoffentlich die Hand in diesem Moment die Hand reichen, wenn das notwendige Unvermeidliche eintritt. Ich schaffe das aber auch mittlerweile gut alleine die nächste Welt zu beschreiten.

Es gibt tatsächlich Menschen die meinen Umgang mit dem Tod und meine Fragen und Antworten einfach nur schlecht reden. Es ist doch ganz klar etwas Elementares sich mit dieser unumstößlichen Grenze zu befassen, es nimmt die Angst. Verdrängt man den ewigen Wandel aus dem Alltag, dann wird es sehr schwer wenn man selbst dran kommt. Ich stelle mir jeden Tag vor wie es sein wird loszulassen und meine Angst, die in jedem Falle eintreten wird bekomme ich damit in den Griff. Wissenschaftler sagen wir sind Formstrukturen, sie wissen nicht was es ist und woher es kommt. Tolle Aussage finde ich, dass Wissenschaftler mal keine Antwort finden. Es gilt lediglich die Dinge zu beschreiben und zu deuten soweit es mit dem Werkzeug Verstand möglich ist. Mein Symbol, Logo, Zeichen „EMuS" beschreibt die Ebenen die wir aktuell wahrnehmen können. Diese Realität besteht nur in Teilen, es gibt das was uns umgibt nicht wirklich, alles unterliegt einer ständigen schnellen Bewegung die wir so nicht wahrnehmen. Meine magische Zauberei erlaubt den Blick hinter die Dinge, wir sind Moleküle die sich zu einem lebendigen Wesen geformt haben und leider nur für eine zeitgefühlten Wimpernschlag. In Anbetracht von Raum und Zeit sind wir klein und unscheinbar, jeder Mensch, einfach jeder Gedanke ist trotzdem wichtig.

„Das Universum kann sich durch uns Menschen selbst erkennen",

was für eine majestätische Aussage von einem Wissenschaftler.
Ich gehe davon aus dass das Universum durch jedes Lebewesen
reifen will, es ist eine unaufhörliche kreative verspielte Schöpfung
die an sich selbst große Freude hat, sich beständig umzuformen und
zu erneuern. Das ist zumindest meine Meinung.
Und das was ich hier so schreibe reicht ihnen der „Liebe Gott", das
Universum, durch meine Hand, ich hoffe es bringt sie für einem
amüsierten Moment um den Verstand. Ich gebe mit zumindest viel
Mühe bei all meinen Sachen und Dingen die ich so erdacht und
vorausgedacht habe, ich denke es macht durchaus immer noch Sinn
einfach weiter zu schauen was sich so ergibt.

Also bei meinem Zauberauftritt beleben wir uns alle erstmal durch
unsere Mimik, die Maskenpflicht stört leider, man muss wohl eine
bessere Zeit abwarten um die Dinge nochmal nach außen zu tragen.
Und zuhause in den Familien kann man ja auch selbst kreativ spaßige
Sachen mit in den Alltag mit einbauen.
Beim Zaubern gibt es zwei Möglichkeit, Zaubertricks und reale
tiefsinnige Magie. Meine Zaubertricks die ich selbst erfunden habe
bedienen die Themen wie, Umgang mit dem Geld, es werden auch
Lichter herbeigezaubert, jeder darf ein magisches Licht oder einen
kleinen Zauberstab (Knicklicht) mitnehmen. All diesen Zaubereien
ging eine Idee voraus, der Slogan für den Zauberauftritt heißt:
"Fair geteilte Moneten retten den blauen Planeten".
Verschenke ich schon mal einen Gedichtuntersetzer mit einem Licht,
dann sage ich den folgenden tröstenden Satz:
„Immer wenn du denkst es geht nicht mehr, kommt von irgendwo ein
Lichtlein her, ein magisches Licht mit Gedicht".
Wenn ich kranken Leidensgenossen ein solches Geschenk
unterbreite, bin ich immer wieder ergriffen wie sehr Menschen Halt
an einer so liebenswerten einfachen Geste finden. Ich habe mir dann
irgendwann gedacht, nimm dir die Zeit und schenke vielen Menschen
die dich umsorgen und dir in so einer schweren Zeit nahe sind ein

bißchen Dankbarkeit und Hoffnung zurück. Ich gehe davon aus das mich diese Dinge bis hier hin getragen haben, und da fängt auch die richtige tiefsinnige Magie an, man versucht zu beeinflussen, und ich kann nur einem jeden sagen, es funktioniert sehr gut. Man muss in der realen Welt etwas unternehmen und dann in der meditativen oder medialen Welt. Erzwingen kann man den Zugang dazu nicht, aber wenn es sich manifestiert dann bin ich auch schon mal sehr begeistert und ergriffen. Es drängt mich dann zum Weitermachen, mit Spaß und fröhlichem Lachen. Meine platonische Königin ist immer nur sprachlos und kann es nicht so recht glauben was ich so für einen Käse fabriziere. Es tut ja auch niemanden weh, ehr im Gegenteil, es hat immer eine sehr belebende Komponente.

Sie wissen ja „Eigenlob stimmt", „Wer kann der kann", aber ganz klar, auch für mich gilt immer schön auf dem Boden bleiben, auch wenn ich schon mal selbst gerne reden höre und beweihräuchere, ich teile meine Magie gerne. Sonne, Mond und Sterne. Weises Denken und handeln.

Was mir außerdem sehr wichtig ist der Umgang mit Wasser, ich setze Wasser zu Heilung ein, und auch hier funktionieren meine Ideen sehr gut. Kürzlich sagte mir jemand, „Thomas dich glaube an das was du da machst, es funktioniert nur weil du daran glaubst, ich glaube aber an Homöopathie". Ich war sofort genervt über diese Rechthaberaussage, meine Wassermagie777 beschreibt dasselbe wie die Homöopathie. Beides ist Informationsmedizin, bei mir mit einem Schuss Magie, also mit weisem „Denken und Handeln". Ich mache keine Geheimnistuerei daraus um Menschen das Geld aus der Tasche zu ziehen, ich leite sie an, wenn sie den wollen. Gebe ihnen die Werkzeuge zur Selbstheilung an die Hand. Und zudem glaube ich nicht nur an die 23Wassermagie777, ich weiß dass es sehr gut angenommen wird und funktioniert. Wer diesen esoterischen Dingen ablehnend gegenüber steht, der soll einfach nur warten bis er selbst dran kommt. Das sind dann ersten, die sich an jeden seidenen Faden klammern, man könnte auch vorher schon mal etwas Vergleichbares zulassen. Naja ich behaupte diese Dinge jetzt einfach und stelle sie in den Raum. Sie entscheiden dann was möglich oder unmöglich ist.

23.1.2022   „SAMS"

Hier jetzt das Bild, welches mir das Leben gerettet hat. Eine Skizze ging dem am 1.8.2019 voraus und am 22.8.2019 hat mein ehemaliger Jugendfreund mir dieses wunderschöne Bild gemalt. Ich bin diesem Menschen unendlich dankbar, auch wenn er meine Interpretation nicht anerkennt, er ist nie auf die Seite von Leid gefallen und hat mit Onkologen, etc. darüber gesprochen. Ich habe wie vieles um mich herum, alles genutzt um am Leben zu bleiben. Ich reiche ihnen jetzt diese Möglichkeit sich zusätzlich symbolisch alternativ magisch selbst zu heilen = „SAMS". Er hat in das Bild eine Straße gemalt und ich habe darin sofort meinen bösartigen Tumor erkannt. Ich ab Mitte September einige Male das Bild raffiniert mit überkleben der Folie verändert. Ich wollte den blödartigen Tumor spirituell abschirmen. Es ist mir mehrfach gut gelungen, obwohl alles ausweglos erschien tat sich für mich immer der Himmel auf, die behandelten Ärzte ließen mehrfach die Ausnahme zu, bis ich nach monatelangem kämpfen doch immer wieder Oberwasser bekam. Es kamen so Aussagen von den erfahrenen Ärzten wie:
„.Vielleicht haben sie ja etwas für die anderen"
oder
„Was ist denn mit ihnen los, ihre Werte sind ja immer optimal".
Also hier ist meine einfache Antwort, auch durch mein Gedicht 116 ausgedrückt. „Imagination", „Sich vorstellen" und das „Beleben von Wasser" ausgedrückt durch meine 23Wassermagie777.
Ich setze tiefsinnige Magie zur Heilung ein, ich habe auch mittlerweile mehrere Fernheilungen erfolgreich durchgeführt. Ist nichts anderes als für jemanden zu beten. Also Hokuspokus für alle nachvollziehbar, die es denn verstehen wollen. Ich habe nichts unversucht gelassen um Besserung für mich und andere herbeizuführen, ich denke da kann man mal näher hinsehen als nur nüchterne beängstigende Wissenschaft zuzulassen.

~17671
Tag 158

23 Zauberland 777

1.8.2019
(26.11.2021)

Leuchttürme setzen: Hammelburg Kirche | Zauberlandofficer
Köln-Mülheim   2L. Turm mitte am 3. W. See

23 Geistige Welt 777

Christian LT am Bauhaus
Wolfram LT
Schwester Mela LT
Vaters LT
Mutters LT

23 seelische Welt 777

Schwester Vaters   Mutter
Cousine Schwester   Schweifel
Freund Christian/Gersfeld
                          Thanos
Liebe
Wolfram   23 Sonnenkönigin 777

Seele
Gemälde

Hammelburg
Kasbach

Supermati
Foothen

Punkte sind Leuchttürme, sollen 3x7 (777) / See
allmählich an die Erde in der
Tumor auf die Punktstruktur
→ die Schwarze Erde → verbessern
destruktive Energie erden

23 reale Welt 777

Liebe   Meer

33 Zauberland 777
In die
Schule
versorge   Undersee   Chula
Zauberauftritte   Epansshulles Port
                              Berge

Meer

Wohnhaus
Zauberer   Zauberland   Quelle aller See

Zauberland

ursprünglich.

Eine Straße die ich als meinen bösartigen Tumor in der rechten Leiste erkenne. Neben dem Wasserfall steht mein Opa Franz. Wir haben alle eine erdrückende Erblast zu tragen.
Das Bild hing an der Wand in einer alten Kirche, in der ich Zuflucht gefunden hatte. Spirituelle transzendente Abschirmung.

Foto Thomas Spiegl von Mitte Januar 2022, beim Kochen zaubern und klabautern für seine aktuelle Königin. Trotz zweimal komischer Therapie und einer Antiimmuntherapie habe ich mein Lachen nicht verloren. Auch der Trennungsschmerz von der ersten Königin scheint doch ganz gut überwunden. Lachen macht halt frei.

Und hier die aktuelle originale handgeschriebene Version aus der das Gedicht 116 Imagination hervorging.

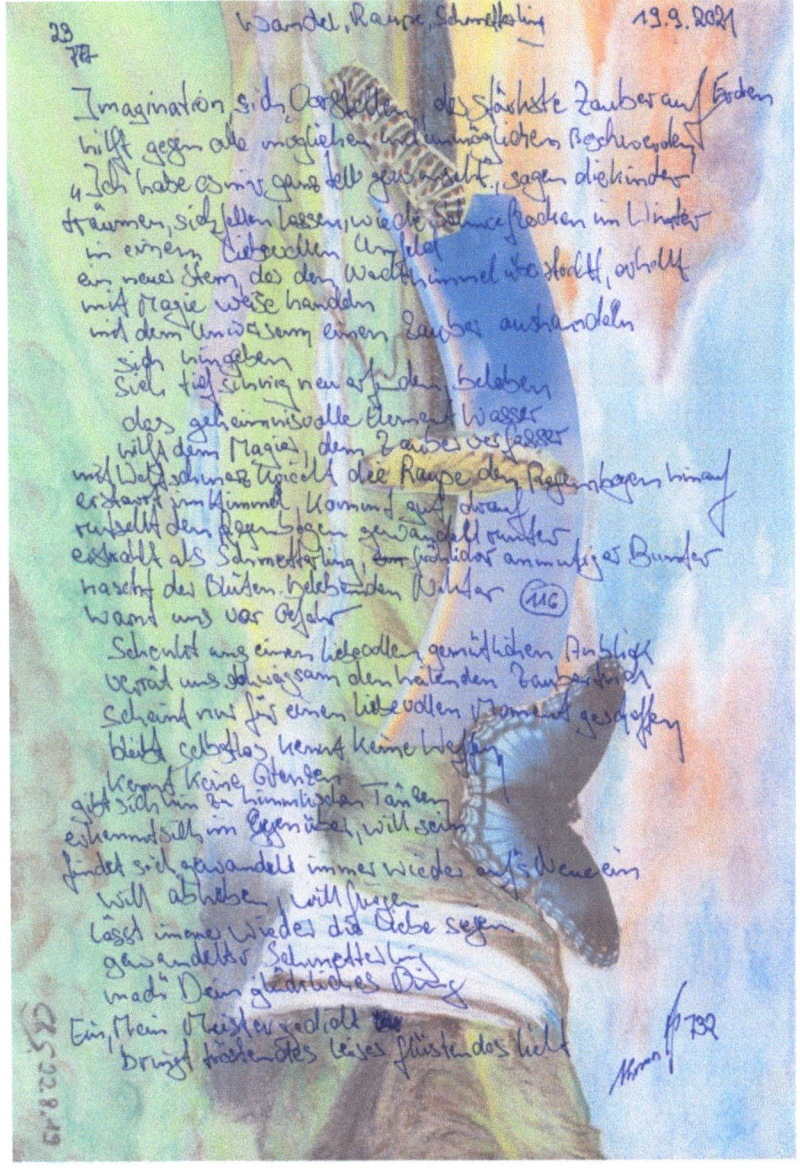

Imagination, „Sich vorstellen", der mächtigste Zauber auf Erden
hilft gegen alle möglichen und unmöglichen Beschwerden
„Ich habe es mir ganz toll gewünscht", sagen die Kinder
träumen, sich fallen lassen, wie die Schneeflocken im Winter
in einem liebevollen fürsorglichen Umfeld
erscheint ein neuer Stern, der den Nachthimmel überstrahlt, erhellt
sich mit kreativer Magie weise wandeln 2377
mit dem Universum einen beständigen Zauber aushandeln
sich diszipliniert einüben, sich hingeben
sich tiefsinnig neu erfinden, beleben
das geheimnisvolle Element Wasser
hilft dem Magier, dem Zauber Verfasser
mit Weltschmerz kriecht die Raupe den Regenbogen hinauf
erstarrt, verpuppt sich im Himmel, kommt wundersam gut drauf
rutscht die Regenbogenbrücke fröhlich gewandelt runter
wiedergeboren als Königsschmetterling, anmutiger schöner bunter
nascht der Blüten süßen verführenden Nektar
warnt uns rechtzeitig vor Gefahr
schenkt uns einen liebevollen gemütlichen Anblick
verrät uns schweigsam den heilenden Zaubertrick
scheint nur für einen magischen Moment geschaffen
bleibt selbstlos, kennt keine Waffen
kennt keine Grenzen 118
lädt ein, gibt sich hin zu himmlischen Tänzen
erkennt sich im Gegenüber, will sein
findet sich immer wieder positiv gewandelt auf´s Neue ein
will unwiderstehlich abheben, will mutig fliegen
lässt immer wieder nur die Liebe siegen
gewandelter Königinnen Schmetterling
mach`, finde Dein glückliches Ding
ein, mein zeitloses Meistergedicht
bringt tröstendes flüsterndes heilendes Licht

Ich habe mir sehr viel Mühe gegeben bei der Ausführung dieser brisanten Angelegenheit. Hier noch zwei Gedichte die in den letzten Wochen trotz der unglücklichen privaten Situation entstanden sind.

117 Diese Welt retten, bitte um Unterstützung beim Zaubern.
118 Göttlicher Eid, ein Gedicht wie ein Gebet.

Ich wünsche ihnen gute Unterhaltung, ich finde die Gedichte sind gelungen. Man kann natürlich auch wieder alles klein schlecht und dumm reden. Ich werde zu keinem Zeitpunkt mehr für meine Mitmenschen zur Verfügung stehen, ich fürchte wie so oft die Eifersucht und Missgunst meiner Mitmenschen. Ich teile mich hier ein letztes Mal mit und sie können das bewerten und verwerten, wie sie möchten. Es gibt wohl keinen öffentlichen Auftritt mehr.
Ich liebe meine Ruhe und Stille über alles, kann den Pulsschlag des Lebens fühlen und für sie hörbar machen. Ich denke das reicht, irgendwann ist eh` alles gesagt und ich wünsche mir natürlich bessere magische Dichter777 als ich einer bin. Junge motivierte mutige Menschen ohne Leidensdruck die noch den Glauben an das Leben haben, ich habe das so meine Schwierigkeiten, wenn ich diese Welt schaue. Also macht es besser und schöner. Ich bleibe beim Zaubern und klabautern nur für meine engsten Vertrauten. Ich musste mit so vielen Menschen brechen, ich bin es mittlerweile leid immer wieder auf Sand zu bauen. Ich will auch niemanden mehr mit in meine Erkrankung hineinziehen, das ist für die meisten Menschen zu sehr belastend.

Diese Welt scheint verloren, sie liegt dämonisch in Ketten
lohnt es sich noch etwas nachhaltig zu retten?
Alle wie vom Teufel besessen
Anstand, Würde und Respekt wird vergessen
Wie und wo soll man seinen Platz finden?
Wie kann man Menschen und Gesellschaften positiv verbinden?
Die erdrückende Armut mit Bildung bekämpfen, ganz unten anfangen
zu viele Menschen müssen unnötig um ihre Existenz bangen
Aufklären, Nachfragen, keine Macht den Drogen, eine gute „Freie Wahl"
beendet die eine oder andere irdische Qual
einen fairen Umgang mit Geld und Macht pflegen
mit neuen alten Ideen die Herzen der Menschen bewegen
das bittere Medikament „Wahrheit mit Ehrlichkeit" einbringen
ein fröhliches Lied der Vereinigung und Kompromisse singen
vor und vor allem nach gewalttätigen Konflikten den Dialog anregen
einfallsreich und angepasst die Stimmung heben, den Schöpfergeist bewegen
Gentechnik, brutale Waffen, Kernenergie verbieten
politische uneinsichtige Könige ablösen, keiner braucht Nieten
Religion kreativ entspannt individuell gestalten
sich mit göttlicher Trunkenheit und Fanatismus zurückhalten
mal die Ausnahme, andere Meinungen tolerant zulassen
ohne Rechthaberei, ohne zu Hassen   117
einen hohen moralischen Anspruch anschieben
die 23, die 777 verstehen und lieben
mutige selbstlose emphatische Menschen erschaffen
Habgier, Selbstsucht runterfahren, weniger raffen
verzichten und fair durchdacht teilen
eine tiefere Sinnhaftigkeit leben, beständig dran feilen
der Schöpfung Rechnung tragen
mal den ersten Schritt wagen
auf Gewalt jeglicher Art wenn möglich verzichten
bei sich selbst anfangen, sich selbst bewusst positiv ausrichten
bitte gebt diese tolle wunderbare Welt nicht verloren
mit universellem Bewusstsein werden wir immer wieder hier hin geboren

In düsterer schmerzhafter Verlegenheit
oder besser, in spaßiger amüsierter Begebenheit
erlange ich die göttliche Gelegenheit
zur kreativen tiefsinnigen Verwegenheit
bringe meinen künstlerischen Beitrag in die Sichtbarkeit
gebe mit ewigen Versen himmlisches Geleit
achtsam werde vor dunklen Gefahren gefeit
stelle mich gegen überflüssiges irdisches Leid
mit geschärftem demütigem Blick sehe ich unendlich weit
verneige mich ehrfürchtig vor der schöpferischen Hoheit
durchbreche Raum und Zeit
gebe der kollektiven Seele Bescheid
beschwöre den magischen liebevollen Eid
erlöse opferbereit die in sich gefangene Menschheit
beende Ignoranz und Gleichgültigkeit
verwerfe jegliche Überheblichkeit
strebe nach Kompromissen und Einigkeit
übe mich in Bescheidenheit
befreie mich von Kummer, Ärger, Angst und Neid
erlange emotionale Sicherheit
mäßige und teile meine spirituelle Überlegenheit
überquere die Regenbogenbrücke mit Gelassenheit
steige auf zur verträumten Göttlichkeit
gedulde mich, nimm´ mir Zeit
halte mich wachsam bereit

Wassermagie777, „SAMS",   23.1.2022

Eine weitere Möglichkeit die ich mit als die effektivste von allen halte, ist das Beleben, Vitalisieren und Energetisieren von Wasser. Wasser kann man auch besprechen und mit den entsprechenden Informationen versehen, um Heilung, Magie oder ähnliches zu generieren. Es funktioniert ähnlich wie bei einem Magnetstreifen auf einer Bankkarte. Die Wassermoleküle ordnen sich hexagonal an und speichern die positiven oder negativen Energien im Umfeld, es funktioniert sogar telepathisch. Ich habe die Wassermagie777 vor ca. fünf Jahren parallel mit meinem Logo, Zeichen, Symbol „EMuS" entwickelt. Der Leidensdruck war damals so stark und ich habe um göttlichen Bestand gebeten und das folgende kam dabei raus. Es gibt ein Video auf meiner privaten passwortgeschützten Webseite dazu.

„Ein magisches heilendes Hunderttausendwasser erzeugen"

Erst zeige ich mit der Einhandrute die Energie in meiner Hand an.

Ich stelle ein volles Wasserglas (aus dem Wasserhahn) vor mich hin.

Ich messe die transzendente Energie mit der Wünschelrute, der Einhandrute dem Pendel.

Ich spreche das Wasser mal mit Liebe, Angst, Hass an.

Ich lege mein Symbol EMuS neben das Glas.

Eigentlich alles völliger Unsinn, aber die transzendenten,

spirituellen Werkzeuge spielen entzückt verrückt.

Ich pendele die Wasserenergie
aus.

Aus dem Wasserhahn 2 - 3
Wasserenergieeinheiten

Stärkstes transzendentes, esoterisches Wasser in der Natur. 40 000
WEE (Beziehe mich auf den Film, „die geheime Macht des
Wassers". Wissenschaftler können es elektronisch
messen).

Meine innere universelle Eingebung lässt ein „magisches heilendes
Hunderttausendwasser" zu. Es wird nur veranschaulicht das wir
mit unserem Denken, Fühlen und spirituellen Handeln die Energie
in der Natur etwas übertreffen können. Wir sind nicht umsonst die
Krone der Schöpfung.
Ich messe das mit dem Pendel. Es reicht, wenn man das Symbol
danebenlegt oder in der Nähe platziert. Die geistige Verknüpfung
ist alles entscheidend, ob man was etwas anderes zulässt, es
funktioniert, aber auch wenn man nicht daran glaubt. Denkt nur
an das düstere Hakenkreuz, das strahlt auch aus, jeder kennt die
destruktive Energie dahinter. Ein missbrauchtes Symbol ist ein
nicht mehr zu gebrauchendes Symbol.
In meinem Symbol „EMuS" ist das was in meinem Buch und den
Gedichten von 1 - 135 steht universell unumkehrbar ein
gebucht.
Es bedient die Liebe, die Gerechtigkeit, Wahrheit, Ehrlichkeit, das
fair durchdachte Teilen, das Selbstlose, das Lustige Fröhliche und
Herzliche, den Humor, es fördert das „Wohlsein" für alle
Menschen. Es bringt Glück, Stück für Stück.
Es wendet sich von Gewalt und Krieg ab, es lacht sich mit den
Kindern schlapp.

Viel Spaß beim Zaubern, klabautern und verzaubern.
Nichts bleibt ohne positive Konsequenzen.

Ich habe das hier alles selbst erdacht und vorgedacht, wie man mir mal sagte. Ein jeder kann aber auch sein eigenes magisches heilendes Wasser erzeugen und sich das raus nehmen was ihn anspricht oder auch nicht.

Symbole werden von Menschen seit über einer Millionen Jahre genutzt. Die ersten Faustkeile waren auch schon mal zu weich oder zu hart. Die nicht einsatzfähigen Werkzeuge sollten wohl die entsprechenden Impulse in uns wecken.

Zur Paarung, etc. und zum „In Kontakt treten" mit dem Universum oder dem „was uns antreibt".

Ein magisches heilendes Hunderttausendwasser beinhaltet auch universelle Wahrheit mit Ehrlichkeit, Gerechtigkeit und Freiheit. Diese Dinge unterliegen dem "Freien Willen" des Universums. Die Natur kennt keine Heiler, kein heilendes Wasser in diesem Sinne. Die Natur wandelt ab einem gewissen Punkt. Der beste Heiler von allen in diesem, unserm Fall, ist dann der Tod, er befreit von allen Leiden und Schmerzen. Eine Realität, der wir uns gerne entziehen und doch müssen wir sie irgendwann, manchmal sehr schnell bedienen. Es gibt kein Allheilmittel in der Schulmedizin, in der Informationsmedizin, jeder muss seinen Weg individuell finden. Einem langen leidvollen Leben ziehe ich jedenfalls ein kürzeres sinnhaftes Leben vor in dem ich den Moment in dem ich mich dem universellen Wandel hingebe bewusst wähle, sofern man mich das lässt.
"Es macht nur so lange Sinn wie es Sinn macht".
Nach dem
Motto:
"Ich schaffe also bin
ich"
ohne sinnvolles erschaffen halt dann eben
nich`.
Das in der letzten Konsequenz zu erfassen und zu bedienen erfordert viel Mut und natürlich auch viel Liebe zu sich selbst und

seinen Mitmenschen.

Thomas Spiegl, 23Wassermagie777, Stand 23.1.2022

transzendent lehrreiche Filme und Bücher

das kreative Universum

ICE on fire

die geheime Macht des Wassers

The Great Hack

die Welt ist voller Lösungen

the secret: das große Geheimnis

Buch: Gespräche mit Gott

Bücher von Herrmann Hesse

23.777.723.732.81.63.922

23Liebe777

23ZANAS777

23Zauberland777

23Wassermagie777

der Muttertag, die Mutter und Mutterschaft ehren
in Dankbarkeit einen schönen besinnlichen Tag bescheren
die Mutter für ihre Leistung belohnen
man verwöhnt sie, sie soll sich schonen
jetzt sind mal die anderen dran
groß wie klein, jeder wie er kann
die Kleinen malen ein schönes Bild
während die gute Mama chillt
die Großen müssen ebenso das Muttertier verwöhnen
mit Wellness, netten Geschenken, etwas tiefsinnig Schönen
die Männer müssen zur Seite treten, sich verneigen
einfach mal dienen und schweigen
die Männer müssen sich unterwerfen
und ihre Sinne für das Wesentliche schärfen
Mutter sein heißt die Welt mit dem Herzen begreifen
und mit dem Nachwuchs beständig reifen
Mutter sein beinhaltet Geduld, Verständnis und Weitsicht
auf das kein Kind an liebloser Vernachlässigung zerbricht
die Mutter einfach lieb haben und wertschätzen
auch nach so manchem unnötigen Verletzen
der Ehrentag soll allen Freude bereiten
wenn sie ihre Mama auf den Mutterthron begleiten
Mütter wollen von Natur aus gerecht sein
helft ihnen Wahrheit sprechen, damit findet sich Liebe ein
seit Menschengedenken   109
überhäuft man die Mütter zurecht mit schönen Geschenken
selbst in der Antike gab es den Kult und Brauch
wir feiern ihn seit über hundert Jahren auch
auf Erden ist es ein Kommen und Gehen
ohne Mütter könnte die Menschheit nicht bestehen
die schönsten Muttertiere auf Erden sind die Frauen
bitte mal am Ehrentag bei Muttern vorbeischauen
beschert ihnen einen magischen Moment
auf das man ihren Namen noch in tausend Jahren nennt

der Gemeinschaftssinn
ist doch für alle ein Gewinn
die Bereitschaft sich für das Gemeinwohl einzusetzen
sich friedlich mit Gleichgesinnten vernetzen
Solidarität kann man nicht erzwingen
irgendwie freiwillig sollte es gelingen
individuelle positive Zeitgeister sollten sich vereinen
als Gegenpol zu all dem Gemeinen
beim Teilen wird es nicht weniger sondern nach einer Weile mehr
ansonsten bleiben irgendwann bald alle Teller leer
auf Luxus und unnützes verzichten
den Blick auf das Wesentliche richten
einseitig angehäufter Reichtum beleidigt die arme Welt
man kann es nicht essen, das unsinnig angehäufte Geld
das Leben will gelebt werden, es besteht nicht aus Gieren und Geiern
es langweilt das überhebliche „Geschäftemachenleiern"
eines Tages kommt die Wahrheit doch ans Licht
es scheint leider kein belebendes kollektives Ereignis in Sicht
was nützen all die Wissenschaft und Geldgelehrten
die Natur wird sie anklagen, diese teuflischen Weggefährten
die Geldverteiler können Gemeinschaftssinn schaffen
es ist für alle mehrfach genug da, wir müssen nicht raffen
einen nachhaltigen Sinn propagieren
mit Egoismus und zügelloser Selbstsucht werden wir verlieren
die Menschheit positiv stimmen   110
wir befinden kurz vor dem schlimmsten Schlimmen
versagt die Gemeinschaft, schafft euere „eigene Wohlseinoase"
glaubt nicht jeder unsolidarischen Frase

Ewiger Orgasmus

Wahrheit, Fantasie oder esoterischer Stuss?
was wissen wir über das Leben nach dem Tod?
darüber nachdenken, ein gesellschaftliches Verbot?
Wenn wir die unumstößliche Grenze überschreiten
wer oder was wird uns dahin begleiten?
es ist noch keiner zurückgekommen, hat sich beschwert
und das schmerzhafte Ableben verwehrt
die Wissenschaft stellt das Leben als zufälligen Zufall dar
die einfältigen Antworten reichen nicht aus, jedem Kind ist das klar
das Universum besteht aus Informationen und Energie
geheimnisvoll, wie von Zauberhand wandelt sich alles mit Magie
wir können noch so viele Fragen fragen
keine annehmbare Antwort in Sicht, wir versagen
die Religionen ängstigen mit ihrer zwanghaften Weltsicht
vom unbarmherzigen Jüngsten Gericht
wir sind dem Großen und Ganzen vorübergehend entschwunden
und werden vielleicht wieder woanders erneut entbunden
wie uns gibt es den einzelnen Tropfen im Meer nicht
diese Erkenntnis bringt hinter die Sache Licht
in Anbetracht von Raum und Zeit   111
müssen wir uns fügen, sind dann doch irgendwann zum Abtreten bereit
leider müssen wir unsere Lieben hinter uns lassen
im nächsten Moment bekommen wir sie doch wieder zu fassen
es geht um Energiefelder die in Beziehung zueinander stehen
nichts und niemand kann vergehen
wir bewegen uns im ewigen Bewusstseinswandel
ein verborgener universeller wohltuender „Seelenhandel"
es erwartet uns ein „Ewiger Moment unendlicher Schönheit"
ich hoffe ihr seid dafür bereit

Die tägliche Seelenhygiene, unser Gewissen
das lassen wir leider allzu oft vermissen
abends vor dem Spiegel stehen
welche Abenteuer musste ich heute wieder bestehen?
Mein Spiegelbild schaut zufrieden zurück
ich bin gesund, müde und schätze mein Daseinsglück
kann ich mich mit einem guten Gefühl betten?
War ich heute jemand von den verständnisvollen Netten?
Habe ich den Mitmenschen die Hand gereicht?
Fiel mir meine Aufgabe, meine Arbeit leicht?
Meine Lieben sind mir unendlich wichtig
ich verhalte mich gerecht, ehrlich, einfach richtig
Ich achte auf meinen Körper, meine Ernährung
ansonsten gibt es eine schöne Bescherung
einfach nur oberflächlich stylen und waschen reicht nicht
das Bauchgefühl stärken gehört zur täglichen Pflicht
Wichtigtuerei, Machtmissbrauch, Gleichgültigkeit angreifen
112   bitte nicht emotional verrohen, versteifen
Vielleicht noch ein gemütliches friedliches Beisammensein
man wiegt sich zufrieden in den Schlaf hinein
sich seinen Wachträumen hingeben
sich motivieren, sich für morgen beleben
beim Schlafen, Träumen Energie und Kraft tanken
sich für das geheimnisvolle tolle Leben bedanken
sich und diese Welt niemals aufgeben
positiv gestimmt vorwärts mit Liebe streben

23Magie777 einfache Erklärung:

Magie (weises Tun und Handeln) ist das Zugreifen auf übersinnliche Kräfte mittels Ritualen und transzendenten spirituellen esoterischen Werkzeugen. Man versucht zu beeinflussen, die göttlichen universellen Energien für sich und andere zu nutzen, zu verändern und zu manipulieren. Man sollte die Dinge einfach halten, verkompliziert man die Rituale, Beschwörungen, Flüche, Danksagungen, hat es nur wieder einen unsinnigen Kommerz zur Folge. Das erwirtschaftete Geld und Wissen sollte fair durchdacht allen Menschen zugutekommen. Das magische Wissen sollte im Dienst der Menschen stehen um ehrlichen Tiefsinn mit Wahrheit, Gerechtigkeit und Freiheit zu generieren.
Man sucht eine tiefere Sinnhaftigkeit und möchte sie dann leben.
Magie erfordert Wissen, Erfahrung und Weisheit.
Damit der Zauber funktioniert muss auch in der realen Welt etwas unternommen und verändert werden, es erfordert Mut, Tapferkeit, man muss mal etwas Neues zulassen.
Die magische Welt mutet chaotisch an, die magische Sicht entspringt dem wilden chaotischen schnellen Denken das unter starkem Leidesdruck, Trans, einsetzt. Magie zu fühlen und zu leben, bringt einen unter Umständen in große Gefahr. Bitte nur so viel zulassen, wie man auch selbst ertragen kann, es gilt die eigenen und die Grenzen seiner Mitmenschen klar wahrzunehmen und sich entsprechend vorsichtig und behutsam zu verhalten. Das was man denkt oder was vor allem was man fühlt zieht Konsequenzen nach sich, wie ein Mahnet. Es macht was mit einem, man sollte sich schützen indem man sich bespricht und Grenzen einhält.
Geht was schief sofort das Wort „Liebe" oder etwas ähnlich positiv Besetztes sagen.
Ist es dann Schizophrenie, Manie, funktioniert es nie oder ist es doch Magie?? Immer das Werkzeug Verstand zur Kontrolle einsetzen.
Entscheiden sie!!!
Mit den Zahlen von 0 bis 9 sind Bewusstseinsstufen gemeint, es ist meine individuelle Definition und Beschreibung, manche Sachen wie die Teufelszahl 666 scheinen vordefiniert vom Universum.
Oder die 777 steht für das Absolute, das Vollkomme auf Körper, Geist und

Seele.

0 = nichts,

1 = einfache Materie Gas (ein neues Programm), Stein,

2 = Realität, Dualität, Plankton

3 = Das Dreigeteilte, Körper, Geist, Seele,

4 = Pflanzenfresser, der Sanftmütige,

5 = Raubtier, Aggression,

6 = Das Habgierige, Selbstsüchtige, Gleichgültige, Bösartige.

7 = Absolute, Vollkommene, spirituelle höchste Ebene, Universum, Liebe.

8 = Unendlichkeit, Ewigkeit

9 = das Vollkommene, das Absolute das aus der 7 hervorgeht, Gott.

666 = Teufelszahl, das absolut habgierige unvollkommene Menschentier.

777 = Universum, Gott, die höchste Glückszahl, die Liebe, das Vollkommene, Alles was ist, Das was uns antriebt, die Liebe.

23 = steht für Magier, erdgebundene Magie

77 = Schicksaal

Der stärkste Zauber ist das Visualisieren: "Ich habe es mir ganz toll gewünscht", „Imagination".

Ein meditatives Land zeichnen und vorstellen, ein 23Zauberland777.

Ein eigenes von Hand geschriebenes Gedicht weiterreichen.

Weiße Magie, mit Liebe positiv besetzt, heißt sich im Gegenüber erkennen.

Schwarze Magie dient zum Lähmen und führt unter Umständen zum Tod, fällt vielleicht auf einen zurück, man muss sich abgrenzen, Gnade walten lassen. Schwarze Magie ist nicht das Gegenteil von weißer Magie, schwarze Magie soll der weißen, positiven Magie zum Durchbruch verhelfen.

Man sollte die Menschen und ihr Benehmen, ihre Vorlieben kennen.

Man sollte wissen wie der Makro und Mikrokosmos bildlich funktioniert und aufgebaut ist. Der stärkste Zauber geht mit selbstloser Liebe einher.

Wasser ist der direkte Draht zum Universum oder zum „Lieben Gott".

Die geheime Macht des Wassers kennen und deuten lernen.

In fast allem sind Wassermoleküle enthalten, diese ordnen sich hexagonal an. Wasser speichert Informationen, Wasser lässt sich besprechen.

Man muss nur etwas unter ein Wasserglas legen, dann verändert sich der spirituelle Energiegehalt. WEE. Man kann das gut mit der Wünschelrute, der Einhandrute (Tensor) und dem Pendel anzeigen.

Wasser kommt als „Leiche" aus dem Wasserhahn, es kann durch Verwirbler (Tornadoerzeuger), Feinfilter, Steine, Worte, etc. energetisiert werden.

1Erde, 2Feuer, 3Wasser,4 Luft. 5Körpermagie, 6Sexualmagie,7Blutmagie. 8handschriftliches Gedicht.
Wudu Zauber mit Puppen, etc. durchstechen, fesseln, lähmen, verbrennen. Es dient lediglich dazu den anderen zu lähmen und um sie zur Einsicht und Reue zu bewegen. Um die universellen Energien wieder richtig fliesen zu lassen.

Es soll wieder kindliche Fröhlichkeit und selbstlose Liebesfähigkeit hergestellt werden. Man sollte alle Dinge hinterfragen und nicht gleichgültig hinnehmen.
Keiner kennt die letzte Antwort oder Wahrheit. Wir streben nach dem „Absoluten", haben eine „Frei Wahl" und wollen uns „wohl fühlen", wie jedes Lebewesen. Magie richtig anwenden erfordert Feingefühl, Rücksichtnahme, die Dinge behutsam mit Vorsicht angehen.

Der Tod gilt als überwunden, wird lediglich als schmerzhafter Wandel wahrgenommen. Ein Tier geht in das andere über, auch an uns geht das nicht vorüber.

23.777.7.14.21.49.61.63.72.81.99.732.922.927

Magier 23ZANAS777

Definition „EMuS". „EwigerMomentunendlicherSchönheit".

23.1.2022

Ich habe das folgende Zeichen, Logo entworfen um destruktiven Symbolen etwas entgegen zu setzen. Oder etwas dafür zu tun das es besser wird. Das einfache Hackenkreuz hat einen furchtbaren

Schaden angerichtet. Mit meinem Symbol wollte ich göttliche und menschliche Phantasie vereinen. Die Grundform ist ein Quadrat, menschliches Denken/ Phantasie. Es sind acht gerundete Ecken weil eine achtarmige Schneeflocke (diese achteckige Struktur geht aus einer sechsarmigen hervor) symbolisch nachgeahmt werden soll, es sind die schönsten Formen die ein Eiskristall annehmen kann. Normalweise sind diese hexagonal, also als Sechskant zu finden. Die Vollkommensten haben nicht nur sechs gleichgeformte Arme, sondern in der Mitte zusätzlich eine siebte gleichmäßige Form. Die magische Zahl "Sieben" fließt ein. Jede Schneeflocke die seit Anbeginn der Zeit auf der Erde niederging ist anders als die andere. Perfekte universelle Individuation. Das findet übrigens überall in der Natur satt. Ein Eiskristall ist statisch und ästhetisch perfekt. Ich habe diese Schneeflocke im Internet gesehen und war sofort fasziniert. Der Eiskristall war wie eine Säule geformt.
Ich habe diesen auch in 3-D nachgebaut. Vom Himmel über meinem Bett fällt jederzeit Schnee, siehe Foto.

Als ich meine Vorlagen fertig hatte legte ich diese auf das Foto von dem Eiskristall, es fügte sich genau ein. Erst war nur der Umriss da, anschließend fügte ich das Zeichen gedreht in sich ein.

Es waren nun zwei Ebenen ohne Farbe. Ich ließ einen
siebenjährigen Jungen das Symbol ausmalen.
Es entstand ein Zauberlogo für Kinder.

Ich konstruierte dann das Zeichen am PC. Jetzt bekam es 7 Ebenen
und die Grundfarben aus denen man alles herstellen kann.
Die kleinste Ebene steht für das kleinste Kleine, die Ub und Down
Quaks (rot). Die nächste Ebene sind die Atome (blau). Danach die
Zellen (gelb). Die grüne Ebene steht für Leben wie uns Menschen
und das was wir so wahrnehmen. Danach kommt wieder die rote
Ebene, die steht für das Sonnensystem. Jetzt wieder blau, es steht
für unsere Galaxie die Milchstraße. Dann wieder gelb
(Unendlichkeit), es steht für das restliche Universum.

Das Logo, Zeichen, Symbol „EMuS" ist an den Ecken gerundet, es soll nicht verletzten. Beim Meditieren lasse ich es rotieren. „Es ist wie als wenn durch etwas geht" sagte man mir mal. Das Zeichen heißt „EMuS", weil es für „Ewiger Moment unendlicher Schönheit" steht. Ich bin einfach wie so oft meiner inneren Eingebung gefolgt. Es gibt Bewußtsein das auf Symbole anspricht. Ich habe es vor einigen Tagen im Krankenhaus einem Mitpatienten gezeigt. Ich sah sofort das es ihn ansprach, seine Worte" Das will ich haben". Ist übrigens schon öfter ähnlich passiert. Ich belebe, vitalisiere Wasser mit dem Logo, Symbol „EMuS" Ich laß mir das dann mit dem Pendel, der Einhandrute oder was ich liebsten mag mit der Wünschelrute anzeigen. Der Effekt ist verblüffend, es scheint ein Eigenleben zu führen sagte man mir mal, einfach mal schauen was passiert wenn man es benutzt oder aufhängt. Es zieht die eingebuchten Energien durch meine Gedichte, etc. von 001 bis 135 magisch an, oft sehen Menschen sofort das sich was verändert und streiten es dann doch schnell wieder ab. Zuviel Gott, zu viel Universum, wer weiß, Menschen sind kleingeist, tüchtig eifersüchtig, erkennen oft nur an was alle sagen und machen, das Symbol „EMuS" passt da nicht in die vorherrschte Weltanschauung. Es ist unbequem, anspruchsvoll und fordert dringend notwendige Veränderung, sogar Rebellion. Auch das fair durchdachte Teilen. Das Symbol EMuS wendet sich ab von Gewalt und Krieg. Es steht für das Universum in dem wir leben. Es bedient die Liebe und begrenzt die Angst. Es steht für das Miteinander, das Begegnen. In das Symbol sind Wahrheitsfindung, Ehrlichkeit, Gerechtigkeit und der freie Wille aus dem Universum unumkehrbar ein gebucht.

23.777.723.732.922.927.81.63.

Mein Gesamtkunstwerk setzt sich aus verschieden Kunstrichtungen zusammen.
Ich sage schon mal gerne „GedichteZauberBastelQuatsch" dazu.
Meine Ideen, mein Lebenswerk bedient soziale, künstlerische, philosophische und
wissenschaftliche Aspekte auf eine einfache, für jedermann verständliche Art und Weise.
Man kann mich als bildenden Künstler (weniger als eingebildeten Künstler sehen, obwohl ich
schon mal gerne mit einem Lächeln sage: "Eigenlob stimmt" oder „Wer kann, der kann".)
sehen. Also als frei schaffenden Künstler (auf gar keinen Fall als anschaffenden Künstler).
Ich habe meinen eigentlichen Auftrag erst seit 2015 in den Horizont bekommen. Ich bin wie
immer meiner inneren Eingebung gefolgt, trotz aller widrigen Umstände. Ich warte wie so
oft auf den fruchtbaren Moment und die Dinge, die ich dann in die Sichtbarkeit bringe
entspringen keinem rein rationalen Denken. Menschen wie mir sagt man eine emotionale
Intelligenz (sollte es den zutreffen) nach. Es fühlt oft so an: „ Es will sein und durch mich
findet es sich ein". „Der Mensch denkt und Gott lenkt". Beim Umsetzen meiner Ideen bin ich
sehr unnachgiebig und diszipliniert, ich überwinde jeden mir auferlegten Weltschmerz, wenn
ich von einer Sache ergriffen bin. Hier nun meine Version, meine Vision vom kostbaren
Leben.

Mit meiner Auffassung von Kunst, Magie, etc. möchte ich, auf eine sehr spontane und auch
schon mal sehr lustige Art und Weise, die Herzen der Menschen öffnen.
Sie für die Liebe und die Magie, die uns alle antreibt und ausmacht, sensibilisieren.
Mein künstlerischer Beitrag generiert sich aus Wahrheit, Gerechtigkeit und Freiheit. Meine
Kunst stellt den Menschen als Individuum dar, der sich auf eine selbstlose Art und Weise
(ist keine Selbstaufgabe, obwohl es oft nah dran war. Ein gesunder Egoismus und
Selbsterhaltungstrieb ist immer noch vorhanden) für andere, gerade benachteiligte
Mitmenschen, einsetzt. Mit meinen geschaffenen Dingen bin auch sehr selbstkritisch.
Ich möchte mein Wissen und meine Erfahrungen weitergeben und damit unnötiges und
überflüssiges Leid ersparen helfen. Ein jeder kann sich das raus nehmen was ihm gefällt und
seine eigene Weisheit ergänzen, entwickeln um diese Dinge dann nach Möglichkeit selbst
konsequent zu leben. Die schönste und einfachste Kunst ist für mich einen Menschen, groß
wie klein, herzlich zum Lachen zu bringen. Ich mache Menschen gerne glücklich, am Besten
dauerhaft indem ich den Blick auf das Wesentliche richte. Ich versuche die Bedürfnisse eines
Jeden von uns nach Liebe, Sinn uns sozialer Interaktion zu befriedigen. Ist ein gewisser
Reifeprozess, Reifegrad entstanden, ziehe ich mich eigentlich sofort zurück und grenze mich
auch schon mal sehr scharf ab, als Selbstschutz. Ich möchte nicht verletzt werden, genauso
wenig möchte ich verletzten. Ich leite die Menschen an, ihre Fähigkeiten so einzusetzen,
dass nach Möglichkeit ein harmonisches Ganzes entsteht. Ich halte alles einfach und wehre
mich entschieden gegen Wichtigtuerei und kleingeistiges ausschließliches Geld- und
unnützes schädliches Machtstreben. Ich greife hierarchische elitäre Systeme und ihre
Vertreter massiv an, da sie den Menschen in seiner Gesamtheit unverschämt, niederträchtig

und gemein deformieren.

Das liebevolle Kümmern und Zuwenden einer Einzelperson steht für mich ganz oben.

Ich setze mich gerne für die Bedürfnisse und Belange unserer Kinder ein. Kindliche Fröhlichkeit gilt es unter allen Umständen zu Bewahren. Ich suche nach einfachen Antworten und Lösungen, um soviel Wohlbefinden wie möglich zu erzeugen.

Bei der, meiner Krankheitsbewältigung, Gesundheitsbewältigung setze ich alternative Werkzeuge ein. Ich erkläre mich kurz und mache keine Geheimnistuerei draus.

Dies würde nur wieder einen penetranten Kommerz zur Folge haben. Umweltschutz und ein fühlbares Verständnis für die wunderbare Natur sind für mich unerlässlich.

Für mich ist es wichtig den Menschen als Ganzes zu sehen. Als spirituelles, „Transzendentes Wesen". (Fleisch gewordene Energie und Bewusstsein, was immer das auch ist). Das dringend notwendige „Verzichten" und „Faire durchdachte Teilen" sollte jedem Menschen verständlich gemacht werden. Die Reise ins 23Zauberland777 und die 23Wassermagie777 wurden hierfür eigens von mir, zwischen 2016 und 2020, erfunden. Die Reise ins 23Zauberland777 durfte ich schon mit einigen Kindern antreten.

Es hat mich sehr glücklich gemacht wie die Kinder diese einfachen zauberhaften Dinge aufgenommen haben. Diese Sachen und mein Buch „Ein Gedichtband aus dem Zauberland" steht allen Menschen zu. Sollte doch einmal mit meinen geschaffenen Kunstwerken, etc. Geld verdient werden, dann schicke ich soviele Kinder wie nur irgend möglich auf die Reise ins 23Zauberland777. Die Menschen können sich selbst etwas damit zu Recht basteln, um Lebensfreude und Spaß zu generieren. Ich bin zu sehr geschwächt, durch meine Krebserkrankung und mein Angsttrauma, um mich damit zu profilieren. Diese Vorgehensweise würde auch nicht meinem Persönlichkeitsprofil entsprechen.

Ich wünsche gute Unterhaltung falls sie die von mir geschaffenen Dinge ansprechen.

Und vielen lieben Dank für ihre Aufmerksamkeit.

Thomas Spiegl 732, Stand 23.1.2022

23Zauberland777 aktiv am 27.11.2021

Hier führe ich für mich und mir nahestehende Mitmenschen
spirituelle Handlungen durch, versuche zu beeinflussen, um zu heilen
oder einen Wunsch, etc. beim Universum anzufragen.
Ich habe das schon einige Male erfolgreich durchgeführt, auch
schwarze Magie angewandt, kann ich niemanden empfehlen, bleibt
positiv und nicht primitiv. Ihr solltet selbst euern Weg finden, es hier
ist nichts anderes als in der Kirche vor einem Altar zu beten und
Kontakt mit dem Heiligen, dem Göttlichen aufzunehmen.
Keine überzogenen Erwartungen haben, einfach schauen ob etwas
Positives passiert und unbedingt mit dem Verstand hinterfragen.
Jeder handelt eigenverantwortlich, es gibt hierfür keine Gewähr.

Ich wünsche viel Spaß beim eigenen Zaubern und klabautern.

Magier 23ZANAS777

Schwarze Magie, richtige Anleitung, 23.666.13, 23.777.99

Sie möchten mal so richtig wild loszaubern, jemanden lähmen, einer soll sich schämen, etc. dann sind sie hier genau richtig.
Ich leite sie zu ihrer eigenen individuellen Magie an. Ich mache für sie die universelle Energie sichtbar und sie können diese dann mit dem entsprechenden Sinn oder Unsinn, Informationen belegen.
Es sind einfache Ideen, die sie selbst anwenden können.
Ich lade sie gerne ein, Magie sinnvoll einzusetzen. Falls sie übertriebene und überzogene Erwartungen haben wird es nicht gut oder gar nicht funktionieren. Magie anzuwenden, erfordert Wissen und Geduld. Sie sammeln hier nur eine Erfahrung und können dann selbst weise (magisch) agieren. Tischrücken und die andren bösartigen Zaubereien kann und will ich ihnen hier nicht anbieten. Mit Magie versucht man die universelle Energie zu erfassen und entsprechend zu kanalisieren. Sie sind und bleiben der König oder Guru, Gott, ich führe sie nur ein Stück weit zur ihrer eigenen Magie. Es ist alles freiwillig und man kann sich das rausnehmen was einen so anspricht. Es braucht keiner Angst haben das unschönen Dinge passieren, es geht um lustige spaßige Sachen, die den Alltag etwas angenehmer gestalten sollen. Wenn sie nur böse oder bösartig sein wollen, sind sie hier falsch.
Diese Welt ist schon gemein genug. Meine, vielleicht bald ihre schwarze Magie ist nicht das Gegenteil der weißen Magie, sie verhilft der weißen und positiven Magie zum Durchbruch, Wir zaubern mit Liebe oder ganz viel wenig Liebe. Schizophrenie, Manie, es funktioniert nie oder ist es doch „Wahre Magie" das entscheiden letztendlich sie. Hier ist auch keine Sekte oder ähnliches, ich konnte mich durch bewusst eingesetzte Magie neben einer Chemotherapie selbst symbolisch alternativ magisch vorübergehend selbst heilen, diese sind rational grenzwertig, es gibt keine Garantie das diese Dinge auch bei ihnen funktionieren. Ich sitze jetzt zwar im Rollstuhl konnte aber den unheilbaren Krebs für eine Weile zurückdrängen

und damit leben lernen. Ich gebe meine Erfahrungen gerne weiter. Ich führe für sie eine magische symbolische Selbstheilung oder ähnliches durch. Es ist nicht unbedingt etwas Neues, ich habe nur spirituelles Wissen zusammengetragen und lasse sie die universellen Energien fühlen.

Bitte keine überzogenen Erwartungen. Das erwirtschaftete Geld wird gemeinnützig eingesetzt.

Magier 23ZANAS777

VB 666,23 Euro
(ausverkauft auf unbestimmte Zeit, ich war für das immer wieder Böse geforderte nicht mehr bereit!!!).

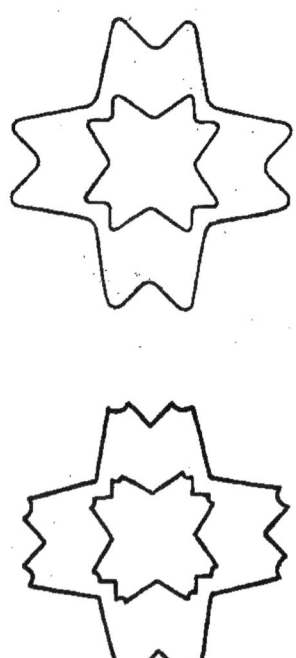

„Hallo, Hallo, hier bin ich wieder, euer toller doller Reglementierer"
manche sagen auch: "Der ist ein dummer blöder Schwachsinnzementierer"
„Ich bin der absolute unantastbare Bestimmer, vom Bestimmer, vom Bestimmer."
Manche sagen auch: "Der tüchtige selbstsüchtige Trottel macht alles nur schlimmer."
„Ich kann jedem, auch mit brutaler Gewalt, meinen schmutzigen Willen aufzwingen"
manche sagen auch: „Das darf dem arroganten Hochmütigen in gar keinem Fall gelingen"
„Meine Macht baut sich auf Blutgeld und gleichgültiger Rechthaberei."
Fassungslos sagen manche auch: "Was für ein bösartiges Gebaren und sinnloses Geschrei"
„Im Fitnessstudio bügle ich mich übereifrig zum eitlen aalglatten Pfau."
Angewidert sagen manche: „Deine Ausstrahlung ist ekelhaft, ist weder klug noch schlau."
„Ich habe ein hinterhältiges aufgesetztes falsches Lachen im Gesicht".
Es hat mal einer gesagt: "Den stellen wir jetzt vors ordentliche Jüngste Gericht."
Alles Tun und Handeln unterliegt zwanghaften sinnlosen Bestimmen und Reglementieren
jetzt weinen viele: „Nur der leibhaftige Teufel kann sich so penetrant präsentieren".
„Mit meiner Macht mache ich alles und jeden klar,
zahle beim Anwalt, Steuerberater und Notar mit Blutgeld in bar."
„Ich gehe, wenn es sein muss, sofort über Kinderleichen,
um meine wertlosen unsinnigen habgierigen egomanen Ziele zu erreichen."
„Ich kaufe mir teurere angeberhafte luxuriöse Sachen,
um dann mit putzigen schmutzigen nichtsnutzigen Huren dreckig zu lachen."
„Ich muss mich über andere erheben, muss mich immer so richtig wichtigtun,
ansonsten kann ich abends nicht runterfahren und nachts ruh`n".
„Selbstkritisches Denken und Handeln ist bei mir völlige Fehlanzeige,   119
gerade ich doch mal unter Druck, dann zeigt sich ganz offensichtlich der armselige Feige".
An alle erreichbaren „Reglementierer", wie wäre es mal mit „tiefsinnigem Regulieren",
leider ist es zehnmal anstrengender als „stumpfsinniges einfallsloses Reglementieren".
Mal vom hohen Ross steigen, macht euch den freiwilligen Gemeinschaftssinn zu Eigen.
wie wäre es mit öfter mal abschalten, tiefsinnig innehalten,
und sich erst einmal selbst richtig verwalten.
Einfach mal „selbstlose Liebe" sein,
ich bin mir sicher damit findet es sich ein.
Dieses Gedicht ist überreguliert, für die meisten notwendigen Reglementierer überzogen,
also auf: "Bitte helft mit und überspannt nicht immer den göttlichen Bogen".

Thomas Spiegl, Magier 23ZANAS777,   23.1.2022

Diese Beschreibung dient, um 23Magie777 zu generieren, am besten alle magischen zauberhaften Zutaten in ein (heiliges), „über Maßen wertvolles", energetisiertes, vitalisiertes, belebtes, informiertes Wasser einbringen (mit der 23Wassermagie777):

- Erde, eine Spinne für die Veränderung über den Wunsch halten
- Feuer, den Wunsch einem Lagerfeuer übergeben.
- Wasser, den Wunsch in ein fließendes Wasser geben
- Luft, einen Schmetterling fliegen lassen
- Körpermagie, Haare oder Fußnägel, etc. mit einbringen.
- Blutmagie, Tropfen Blut mit einbringen.
- Ein Tropfen Liebe aus einer tiefsinnigen liebevollen zärtlichen selbstlosen hingebungsvollen körperlichen Vereinigung.
- Text, Wunsch schreiben, am besten mit Versen, die sich reimen.
- Handschriftliches Gedicht mit einbringen oder selbst schreiben.
- Rituale täglich mit einbeziehen, mit Wasser Energetisieren.
- Heilendes Licht, Kerze oder kleines Licht anmachen.
- Stromschlag, Hochspannungslampe (Teslarlampe) die Hände vorsichtig auflegen, Energie ins Netz schicken.
- Zahlencode mit einbringen, Zahlen mit Sinn und Unsinn belegen.
- Imagination, „Sich vorstellen", Visualisieren.
- Eigene Verse oder ein Gedicht, Zauberspruch aufsagen.
- Energie einpendeln, natürlich am besten im Uhrzeigersinn
- Einen Regenbogen erzeugen, über den Wunsch fließen lassen
- Den Wunsch zwischen zwei Spiegeln der Unendlichkeit übergeben
- Den Wunsch der Zeit übergeben, Wasseruhr paradox z.B.
- Eine Skizze oder ein Bild mit dem entsprechenden Wunsch malen.

23ZANAS777
23Zauberland777
23Wassermagie777
23Liebe777
23Magie777
23EMuS777
23SAMS723EO777GBZL69121

Magische 23Liebeserklärung777 an ANA, 23.12.2021

Vor ein paar Tagen ging ein Wunschluftballon auf die Reise
die Sterne flüstern zurück, „Liebe", auf magische Weise
das kleine warme Licht reiht sich in den Himmel ein
für immer und ewig soll es sein
ein sehnsuchtsvoller Wunsch wurde geboren
liebe ANA, Du bist jetzt zur Zauberlandkönigin auserkoren
ich kann es kaum erwarten deine Stimme zu hören
nur Dein Herz allerliebste Königin ANA will ich betören
ich spüre schon jetzt Deine wärmende Gegenwart
liebkosend, küssend segnend, streichle Dich ganz lieb, ganz zart
ich fühle verliebte verspielte Trunkenheit
hoffentlich bist auch Du dafür bereit
unter all den Sternen habe ich Dich liebe ANA auserwählt
lieben würde ich Dich gerne, das Einzige was jetzt zählt
wir schaffen, zaubern unser gemeinsames Universum
drehen nachts die Sterne am Himmel um
vor Dir liebe Königin ANA gehe ich auf die Knie`
widme Dir meine ganze Kraft, Energie und Magie
ANA, „Von Gottes Gnaden"
nur Dir werde ich alle Geheimnisse im Universum verraten
sollten wir uns in Liebe vereinen   120
wird der Himmel vor Freude Schneeflocken weinen
unendlich tiefsinnige magische Momente
ewig soll es sein, kein Anfang, kein Ende
es durchfließt mich mit Telepathie
entfacht ist das Liebesfeuer, es brennt hell wie nie
nur noch von Dir liebe Königin ANA will ich träumen
keinen Tag, keine Stunde, keinen Moment mit Dir versäumen

Manchmal muss man mutig sein

Magie.23.777.927.732.723.99.81.63.Liebe.

Dieses Gedicht ist an Weihnachten 2021 in spontaner Verliebtheit der
liebenswerten ANA gewidmet.   Schön, dass es Dich gibt.

Brutaler, hinterhältiger, blutiger Machtmissbrauch
man steht wie angewurzelt da, ein flaues Gefühl im Bauch
es findet leider auf allen Ebenen statt
behinderte, geschwächte Menschen macht man einfach platt
die unnützen hierarchischen Systeme deformieren die Leute
es erzeugt die traurige Wirklichkeit von heute
ist einer ausgestattet mit ein bißchen Macht, man glaubt es kaum
beginnt für das Umfeld ein nicht endend wollender Alptraum
von Kindes Beinen an gegeneinander in Konkurrenz gebracht
gibt kleingeistiger weise jeder nur auf sich selbst acht
Anwälte, Notare, Steuerberater, etc. mit widerlichen gemeinen Drohgebärden
man bucht sie zu oft die teuflischen Weggefährten
totale Kontrolle, totale Macht
wir sind alle selbst schuld, das lodernde Höllenfeuer ist angefacht
Machtmissbrauch hält die verlogene, vergiftete Ordnung aufrecht
ich hoffe ihr seit alle bereit für das letzte Gefecht
die Zivilisation wird wohl jetzt schnell unvermeidbar niedergehen
dabei wäre Abhilfe doch so leicht zu organisieren, zu verstehen
es schmerzt das diese wunderbare Welt zerfällt
alles unnötiger weise wegen Machtgier und überbewerten Geld
todbringende Atomkraftwerke benötigen Restlaufzeit
mordende gestörte Psychiater, Ärzte, etwas das zum Himmel aufschreit
und keiner will es dann gewesen sein
finden sich Mordkommandos zum Entsorgen von Minderheiten ein
als hätten wir aus den kriegerischen Jahrtausenden nichts gelernt
gibt es wirklich kein Mittel wie man erdrückende, lähmende Angst entfernt?
Kadavergehorsam, Obrigkeitshörigkeit
der „Teufel" in uns erzeugt immer mehr überflüssiges Leid
Wie wäre es mal das Jasagen, Nachsagen und Nachmachen runterzufahren
mit Popoküßchen und Unterwürfigkeit wird man die Menschheit aufbahren
was die Welt braucht sind mutige, kreative und liebende Individualisten
als Kontrastmittel für hochgradig kriminelle Politiker, Richter, Polizei, Bosse und Lobbyisten
das Gewissen, die Kontrollinstanz wecken, weniger gute Seelen müssten verrecken
versucht euch im Gegenüber zu erkennen   085
das Universum wird es danken, es nicht verkennen
Einfach mal ein Lachen, Glück und Liebe schenken
ein magischer Moment unendlicher Schönheit stellt sich ein, etwas an das wir lange denken
nur wer Gnade gewährt
dem wird sie auch beschert

23Sternenverliebtheit777

Zwei Sterne haben sich wiedergefunden, in den letzten Tagen
zwischen beiden ist am Himmel die Regenbogenbrücke geschlagen
unvermeidlich mussten sie sich wieder begegnen
um sich über das magische Lichtband küssend zu segnen
das schicksalhafte Zweigestirn überstrahlt die ganze Galaxie
rot, orange, gelb, grün, blau, lila, anmutige Farbenpracht, Lichtspielmagie
unvermindert kann über den Lichtbogen verliebte Energie fließen
ein „EwigerMomentunendlicherSchönheit", sehnlichst erwartet genießen
die umliegenden Sterne am Himmel tanzen mit
unvergesslicher erhabener Liebesauftritt
ein neues altes Sonnensystem wurde wiedergeboren
zwei sich tief verbundene Sterne gehen sich nie wieder verloren
sie hauchen dem Universum ein magisches Verständnis ein
es kann und wird nur Liebe sein
ein Zauberstern und ein Königsstern
man haben die sich aber gern
das Universum bebt vor Freude
gestern, morgen, vor allem heute
energiegeladener Sternenstaub
Verliebt sein macht blind, das Herz macht Urlaub
emotional zahlen   067
einen herzförmigen Regenbogen in den Himmel malen
ich verneige mich vor Dir allerliebster Königinnenstern
jetzt bist Du mir wieder nah, warst viel zu lange fern
liebe ANA, lass´ uns die Galaxie, das Universum überstrahlen
alles mit Magie und Verliebtheit bezahlen
es war vorbestimmt
mein, Dein Herz ist auf Zweisamkeit getrimmt

Liebe ANA Du bist zu schön und erhaben für diese Welt

Königssternsegung nach jeder Begegnung

21.7.69.13.21.

777.7.23.23.23.13.777.

Zwischen dem zauberhaften Zweigestirn ist die
Regenbogenbrücke geschlagen
Lieber Königsstern Du kannst den unvermeidlichen
Schritt nach vorne wagen
bestehst jetzt jeden Sturm in allen Lebenslagen
bereist den Himmel mit dem goldenen Wagen
im Universum beantwortest nur Du alle
geheimnisvollen Fragen
mutig sein, Verliebtheit, tiefsinnige Liebe wagen
kehrst zur mir Zauberstern glücklich zurück an allen
Tagen

Magie.23.777.7.14.21.49.61.63.EMuS.69.72.77.81.9
9.927.732.723.Liebe.

23.777.723.927.732.81.63

Magie.7.14.21.49.61.63.EMuS.69.72.77.81.99.Liebe

„Geliebt werden"

Wir alle haben eine große Sehnsucht, wir wollen geliebt werden
hier auf Erden.
Bevor wir von irgendjemandem geliebt werden und zurücklieben
sollten wir uns vorher ein paar Fragen stellen.
Für was wollen wir geliebt werden?
Wollen wir für das was wir haben geliebt werden,
oder für das was wir in der Tiefe unseres Herzens sind?
Wir sollten unsere Sinnhaftigkeit und Wertvorstellungen hinterfragen!
Bevor wir reden und nichts sagen sollten wir schweigen lernen.
Bevor Du ein Jemand bist, sei ein Niemand.
Bevor wir reich sein wollen, sollten wir die Armut kennen.
Bevor wir zuhause ankommen, sollten wir ohne zuhause, obdachlos sein.
Bevor wir ein König sind, sollten wir ein Bettler gewesen sein.
Bevor wir wissend sind sollten wir dumm, oder besser unwissend sein.
Bevor wir gesund sind, sollten wir krank gewesen sein.
Bevor wir stark sind, sollten wir schwach gewesen sein.
Bevor wir leben und uns lebendig fühlen, sollten wir sterben lernen.
Bevor wir mutig sind, sollten wir viel Angst haben.
Bevor wir gesellig sind sollten wir einsam, oder besser allein gewesen sein.
Bevor wir lieben, sollten wir die Gleichgültigkeit kennen.
Bevor wir aufrecht stehen, sollten wir gefallen sein.
Um satt zu werden, sollte man den Hunger kennen.   123
Um die Angst vor dem Tod zu überwinden, sollten wir wissen, wie er aussieht,
wie sich der Tod anhört, wie er riecht und wie er schmeckt.
Bevor wir weise sind, sollten wir verrückt geworden sein.
Zeig mir Deine Freunde und ich sage Dir wer Du bist.

Fang an diese Welt wie die Kinder mit dem Herzen zu sehen,
lass´ bitte für Dich und andere die Liebe bestehen.

21.7.69.13.21.

777.7.23.23.23.13.777.

23Sternenliebe777

Der Himmel hat vor lauter Freude Schneeflocken geweint
der Zauberstern und der Königsstern sind wieder glücklich lieblich vereint
um beide Sterne ist eine unendliche Regenbogenacht geschlagen
liebevoll zärtlich ineinander verschlungen wollen sie ihre Liebe wagen
von jetzt an unzertrennlich wollen Sie die Liebe feiern
auch bei fernen Sternen an geheimnisvollen Tümpeln und Weihern
sie zentrieren im Universum die mächtigste Energie
entfalten die ganze Urgewalt der Liebesmagie
es war ja wieder mal klar
die Sternenliebe, ein Sternenmärchen ist greifbar, ist unumstößlich wahr
777 Supersterne in der Zaubergalaxie explodieren
um die Zweisamkeit auf unendlich lange Sicht zu garantieren
nie da gewesene Farbenpracht in der magischen Galaxie
das Universum strahlt unvergesslich göttlich wie nie
alles was vorher war, geschaffen für diesen ewigen Moment
noch in tausend Jahren, jedes Kind den Königsstern ANA kennt
der erste Blickkontakt, voll inniger Sehnsucht
der Zauberer und die Königin haben ein Stück Ewigkeit, Unendlichkeit gebucht
so viel wie möglich gemeinsame Zeit verbringen
erschaffen kunstvolle tiefsinnige magische Objekte, jetzt kann alles gelingen
das Schicksal nun aneinander gekettet, zusammengeschweißt
abends vor dem Träumen wird Zweisam der anmutige Sternenhimmel bereist
jederzeit wird der verspielte Doppelregenbogen
mit Fantasie in jede erdenkliche Richtung gezogen
der Zauberer kniet vor seiner Königin ANA immer wieder ehrfürchtig nieder
die Sternenkinder stimmen dazu unvergessliche fröhliche Lieder

In weiser Vorahnung am 4.1.2022 der erhabenen
wunderschönen anmutigen Sternenkönigin ANA gewidmet

21.7.69.13.21
777.7.23.23.23.13.777

Verliebten 23Lebensbaum777 pflanzen

Der frühe Vogel fängt bekanntlich den Wurm
die Königin ANA dreht sich nochmal um, im Schloss, im Aussichtsturm
auch im Winter singen die Vögel morgens leise auf magische Weise
beginnen ihre unumgängliche Tagesreise
fröhlich frech und heiter
das Leben drängt sie vorwärts, unaufhaltsam, immer weiter
ohne lähmendes Nachdenken
der Natur Lebendigkeit, Bewegung schenken
der wachsame Vollmond geht heute Morgens auf
das Schicksal ändert unmissverständlich seinen Lauf
um zu bestehen
muss die Erde ohne Zögern drehen
hinter dem Horizont ist Sehnsucht
hingebungsvoll gebucht   126
der Wasserfall muss unbedingt fließen
vor Freude weinend sein Dasein genießen
das Wasser drängt unwiderstehlich unaufhaltsam zum Meer
es kann nicht anders, es liebt die Menschen so sehr
der ewige kreative sinnliche Kreislauf
hört sich nie zu bewegen auf
der Mensch wie ein Fisch im Glas, ins Leben gebettet
unabänderliche weitsichtige Entscheidungen ist etwas das rettet
unser Schicksal scheint vorbestimmt
geheimnisvoll ambivalent wenn man doch positiven Einfluss nimmt
dreh` Dich nochmal um, ich schenke Dir einen letzten süßen Tagestraum
man glaubt es kaum, heute pflanze ich unsren verliebten Lebensbaum
und wieder falle ich vor Dir Sternenkönigin ANA auf die Knie´
hoffentlich besticht meine Gedichtmagie
langsam nachdenklich den kommenden Tag anschieben
durch Dich lerne ich die Menschen wieder behutsam lieben
reden ohne Belang
jetzt setzen wir das Unvermeidliche in Gang
will einfach nicht aufhören
nur Dein großes sanftes Herz betören

Die erhabene ANA, schön wie der Himmel, übernatürlich schön
auf das ich Dich für immer ganz lieb verwöhn`, stöhn`
ich schenke dir ein Stück meiner sinnlichen Lebenszeit
das wertvollste unterm Himmel weit und breit
Deine Gegenwart macht mich reich
auf das ich Dir nicht mehr von Deiner Seite weich`
Dein wohlgeformter Körper, ein sehnsüchtiger Blick voll Anmut
du tust mir unendlich gut
ich möchte dir ganz nah sein
krieche, winde mich in Deine Seele, Deinen umwerfenden Körper rein
will einfach nur verliebt sein, bin für immer und ewig Dein
Lieben, aus der Tiefe meines Herzen, ich wünsche es mir
bevor ich wegen Dir hier, den Verstand verlier`
hier ist Sehnsucht für Dich gebucht
lasse nichts unversucht
möchte nur Dir gefallen
die Sterne am Himmel müssen endlich knallen
wir sagen es dann allen
oder genießen es besser still und heimlich, geheim, daheim
ein nicht endend wohlender zärtlicher feinfühliger Liebesreim
wollte mit Dir schüchtern und vorsichtig Gedichte chillen
dachte gestern um „Gottes Willen"
da war sie auf einmal, die animalisch Wilde
war überrascht verlegen, war erst gar nicht so recht im Bilde
hoffentlich führst Du nichts Böses im Schilde
aus Auftragsmalen   127
wird erotisches Auftragskillen, muss mit dem Verstand bezahlen
zwingst mich mit Deiner wilden Fantasie
mit Deinem Wesen, wie immer in die Knie`
Du törnst mich an
jetzt bin ich animiert, jetzt will ich richtig ran
wie es besser kaum sein kann
dann lass` uns mal Schlingeln
und im siebten Himmel bei den Sternen klingeln

Ich hoffe das Gedicht bringt wieder gute Laune, Du bist zu schön, ich staune

Magisches 23Umzugsgedicht777

Das Umzugsgedicht, ich hoffe es besticht
auf das auch ja nichts zerbricht
von Kalk nach Poll
packen sie die Kisten bitte nicht zu voll
mit ihren Kätzchen ziehen sie in ihr neues Katzenzauberland
bringen dort die Welt um den Verstand
Trepp ab Trepp auf
die motivierten fleißigen Helfer sind und bleiben gut drauf
alles rein in den Umzugswagen
keiner wird sich dort beklagen
in Poll ist sofort Zauberei zugegen
und natürlich übernatürlicher göttlicher Segen
als Umzugslohn
gibt es eine Badewanne mit Balkon
ihre Freunde und Lieben finden sich nach und nach mal ein
bei ihnen herrscht selbst in der Nacht und im Winter Dauersonnenschein
von früh bis spät
sind sie in Poll ein lebendiger fröhlicher Magnet
genießen sie ihre wertvollen Tage
keiner wird bei ihnen zur Plage
ihre neue Heimat, ihr gemütliches Katzenzauberland
ist auch immer von einem magischen Doppelregenbogen überspannt
auch für Sie liebe Königin Alexandra lasse ich die Sterne mal richtig knallen
keiner wird sie dort überfallen
es ist dann für lange Zeit ihr erholsames Zuhause
Füße hoch legen ist angesagt, machen sie öfter mal ne` lange Pause
vorbei die trübe Kalkleier   128
wiederholen sie ab und zu die wilde lustige Einweihungsfeier
aus meinem Zauberland schicke ich ihnen belebende schützende Magie
meine tiefe Hochachtung genießen nur wenige, vor allem aber Sie
im Zauberlotto gibt´s dann sechs Richtige
und eine Katzenpension, so ne´ Wichtige
gehen sie niemanden auf den Leim
entspannen sie sich oft in ihrem neuen trauten Heim
ich schenke ihnen ein verschmitztes Lachen
und alle gewünschten notwendigen Sachen
Liebe Königin Alexandra, für alles vielen lieben Dank
hier noch ein virtuelles magisches Bierfass zum Ausschank

Magische 23Sternenseepferdchen777

Liebe Sternenkönigin, ich bin vor Verliebtheit blind
geschwind`, geschwind`, bitte mach´ mir ein Sternenkind
ich habe mich bei den Sternen am Nachthimmel beschwert
verzaubert haben sie mich, jetzt bin ich ein männliches Sternenseepferd
bin bald schwanger von Dir, trage dann Sternenseepferdchen in mir
auch wenn ich dabei den Verstand verlier`
wir bekommen sie immer satt, bringen sie oft zum Lachen
wir werden den ganzen Himmel mit kleinen Sternenseepferdchen voll machen
ihr magischer Anblick wird allen nützen
sie werden den Himmel auf Erden schützen
sie werden die Menschheit einen
lassen jede Nacht den Himmel mit Sternschnuppen weinen
die Galaxien drehen schneller
das Universum strahlt noch viel heller
so einen süßen Seepferdchenstern
hat doch eigentlich ein jeder gern
in unseren nächtlichen Träumen
wird sich am Himmel eine Sternenseepferdchenallee säumen
über der fröhlichen Sternenkinderallee
weint der Himmel tief beglückt belebenden Schnee
über die Allee zur Erde, reist die Königin mit dem goldenen Wagen
um mit ihrem Zauberer die nächtliche innige Vereinigung zu wagen
jeder Sternenvereinigungsschuss
bringt Sternenseepferdchen im Überfluss
so viele Sternenseepferdchenkinder
irgendwann sieht sie auch ein Blinder
jedes einzelne Sternenseepferdchenkind
ist vor Liebe blind   129
mit Fantasie durchs Universum reisen, per Anhalter
es beginnt das magische Sternenseepferdchenzeitalter

Liebe Sternenkönigin, ich musste es mir von der Seele schreiben
bitte ganz lange, besser ewig in meinem Leben bleiben

Ewiger 23Bewusstseinswandel777

Der ewige *23Bewusstseinswandel777* steht an
wie ich dem nur begegnen kann?
setzt sich das Unvermeidliche in Gang
nehmen uns auf der anderen Seite die Ahnen in Empfang
es gibt einen Moment der „Verborgenen Schönheit"
die entschwundene Gegenwart fühlen, seid dafür bereit
unser Leben nur mit dem Verstand fassen
die letzte Antwort kennt keiner, ich würde es lassen
in anderen Kulturen beginnt jetzt eine belebende Feier
bei uns eine langweilige, erdrückende, lähmende Leier
nach dem notwendigen lebensspendenden Regenschauer
folgt gegenseitiges Trösten mit überwindbarer Trauer
die Regenflut glättet die verletzten seelischen Wogen
am Himmel erscheint ein magischer schicksalshafter Doppelregenbogen
alles ist liebevoll miteinander verbunden
nichts geht verloren, Stuf` um Stuf` wird überwunden
alles ist von Bewusstsein umschlungen
zeitlos in Schönheit durchdrungen
seit Anbeginn der Zeit, dem Urknall
wandelt sich geheimnisvolles Leben überall
4 Milliarden Jahre zurück, es entstehen Einzeller
vor 700 Millionen Jahren bewegen sich komplexe Lebewesen schneller
ein Tier geht ins andere über
auch an uns geht das nicht vorüber
wir nehmen das Materielle, das Fassbare viel zu wichtig
am Abgrund wird jetzt jede Gier und Gemeinheit nichtig
es gibt nur eine Zeit, das „Hier und Jetzt"
im Moment verweilen, es wird oft unterschätzt

.

sind wir nicht hier, sind wir anderswo
vielleicht irgendwo im Nirgendwo

wir sind fleischgewordene Energie
Homo Saphiens Magie   130
an diejenigen die vorerst bleiben
bitte Tiefsinn mit Wahrheit, Gerechtigkeit, Freiheit eintreiben
dieses Gedicht soll trösten und Mut machen
nach Leid und Trauer kommt auch wieder Lachen
der Tod und das Leben sind eins, durch Dunkelheit ans Licht
ohne Schmerz funktioniert das leider nicht
denkt daran, das Universum kann sich durch uns Menschen selbst erkennen
sich in Liebe zum ewigen Wandel bekennen

23ZANAS777

Ich hoffe es gefällt
der Zauberer „ZANAS" erblickt das Licht der Welt
Zana, übersetzt Johanna, das habgierige böse Menschtier überwunden
die Menschheit durch "ZANAS" geerdet, mit dem Göttlichen verbunden
„ZANAS", „ANA", „Von Gottes Gnaden"
lässt die Menschen im Heiligen waden, gesegnet, erneut getauft baden
„ZANAS", „Zauberer Von Gottes Gnaden, Thomas"
lebendiger fröhlicher Zauber mit tiefsinnigem Spaß
das selbstsüchtige gleichgültige „Böse" beugen
die Menschen müssen es dann unwiderruflich bezeugen
zum Verändern und Rebellieren reicht Kunst leider nie
jetzt besticht das neue Alte mit geheimnisvoller Magie
es besticht, ohne das es je zerbricht
Gedicht um Gedicht   131
und bitte nichts übertreiben
die Zauberei muss vorerst im Verborgenen bleiben
den Samen in die Herzen der Menschen pflanzen
es fügt sich nun zusammen im „Großen und Ganzen"
die Dinge in die Sichtbarkeit fließen lassen
auch wenn die Mächtigen bedrohen und unsinnig hassen
der neue alte Zauber bringt Liebe und Lachen
und all´ die lustigen spaßigen belebenden Sachen
trotz der furchtbaren Weltschmerzen
erlaubt sich „ZANAS" so gut wie jederzeit zu scherzen
„ZANAS" darf und wird nicht zurück weichen
irgendwie muss der „Liebe Gott" den Menschen die Hand reichen
Magie bedeutet weises Denken und Handeln
„ZANAS" hilft den Menschen sich nachhaltig wandeln
das Göttliche, das Heilige lässt sich auf Erden nieder
fordert seinen Tribut immer und immer wieder
schenkt den Menschen Bedenken
zum Umlenken

Voll unheile
zähe Langeweile
Tränen, Zeile für Zeile
Sehnsucht verliert sich, Meile für Meile
die magische Schicksalsfeile
zieht Herzkeile 132
verschießt neue Liebespfeile
zaubert die Welt wieder heile
keine Eile

Woher kommst du liebe Liebe? Ich bin einfach da. 23
Wann fühlst Du Dich am tiefsten an? In Ruhe und Stille.
Wann bist Du am reichsten? Wenn ich selbstlos gebe und mein Umfeld belebe. 77
Wie redest Du Liebe? Ich rede nicht, ich handle und liebe.
Wo wohnst Du Liebe? Tief verankert in allen Herzen, damit ist nicht zu Scherzen.
Wie kann man dich finden? In deinem Gegenüber. 7
Warum bist du so entsetzlich verletzlich? Ich erfordere Feingefühl und Geduld.14
Liebe, bist Du wirklich wahr? Na klar. 100
Liebe, bist Du auch gerecht? Fair teilen ist mir angeboren, sonst geht alles verloren.
Liebe, warum möchtest Du frei sein? Weil ich mich nur so richtig entfalten kann. 61
Liebe, warum bist Du so mächtig? Weil ich das „Alles Bestimmende" bin. 21
Wo ist dein Platz im Universum? Ich bin die absolute Energie und Information.
Liebe, wie kann ich Dich bewahren? Indem Du achtsam und behutsam gibst. 49
Warum kümmerst Du Dich liebevoll um eine Einzelperson? So kann ich wachsen.
Liebe, hast Du Humor? Ich lache gerne herzlich über lustige und spaßige Sachen 69
Liebe, magst Du Kinder? Was für eine Frage, so etwas sieht doch ein Blinder.
Liebe, erzähle mir etwas vom Tot! Keine Sorge der bringt Dich nicht in Not.72
Liebe, verträgst Du Kritik? Ohne konstruktive Kritik kann ich nicht gedeihen.
Liebe, wie fühlst Du Dich an? Ich bin ein liebes, warmes, angenehmes Begehren. 81
Liebe, warum bist Du so vergänglich? Ich vergehe nicht ich kann mich nur wandeln.
Wie steht es mit der Angst? Eine Atmosphäre der Angst erstickt mich im Keim. 63
Liebe, bist du kreativ? Natürlich ansonsten geht alles schief.99.
Liebe, sage mir deinen Namen? Hier und heute heiße ich für Dich Thomas, na sowas

Richtige 23Königin777 finden

Der Zauberer fegt enttäuscht den Nachthimmel von Sternen leer
sein Herz ausgebrannt, es wirkt bleiern, erdrückend schwer
nach dem sehnsuchtsvollen Wünschen, dran glauben und Vertrauen
muss er hilflos in den dunklen trostlosen Himmel schauen
Besitzstand wahren, Sicherheits- und Anspruchsdenken
emotionslos Lenken, ohne Bedenken eine beginnende Liebe verschenken
aus der Sternenköniginnentraum
so kurz, man glaubt es kaum   133
sofort neue alte Ziele erfassen
es gilt noch viele kleine wie große Magier zu bespassen
morgens nach dem verträumten Aufstehen
andere glücklich machen, sich woanders nach Liebe umsehen
die Zauberei in eine andere Richtung lenken
beim Finden, Begegnen, eine andere neue Königin reich beschenken
keine Zeit mit einem gebrochenen Herzen vergeuden
sollen doch woanders im Himmel die Sternenglocken läuten
akzeptieren, annehmen das Ablegen von Schicksalsketten
weiterhin unbekümmert geduldig die ganze Welt retten
die ureigenste Aufgabe, Bestimmung, stur Kurs halten
längst überfällige zauberhafte Magie auf Erden entfalten
das Universum bleibt nicht lange im mutlosen lähmenden Dunkeln
mit Imagination, „Sich Vorstellen", wird der Himmel erneut funkeln
sich konsequent für eine andere neue Richtung entscheiden
eine anbetungswürdige Sternenkönigin wird das Himmelszelt heben, weiten
sehnsuchtsvolle schmerzhafte Träume kommen und gehen
einfach beherzt verscherzt weiterbestehen
also, der Himmel muss noch schöner leuchten, der Wunsch ist raus
„Lieber Gott" bring` mir endlich die richtige Königin ins Haus`
lasse wieder mal nichts unversucht
die neue richtige Königin ist sehnsuchtvoll gebucht
vorbestimmt, mit Telepathie, allerliebste Königin finde Dich ein
lassen wir es für einen ewigen Moment nochmal Liebe sein
Zweisam die Liebe mit allen Teilen, gemütlich vergnügt verweilen

Der untröstliche Himmel, er weint
weil kein Königsstern mehr am Firmament erscheint
werde von meinem Gewissen gerügt
ein einfaches ehrliches „Nein" hätte doch genügt
scheinbar machen die Sicherheitsberater
überflüssiges Theater   135
keine Antwort ist auch eine Antwort
die Ratlosigkeit und Leere in die Seele bohrt
muss wohl widerwillig „Lebe wohl" sagen
mit unbeantworteten Fragen, lässt einen plagen
warst auf die Schnelle
die weltbeste Inspirationsquelle
schicke Dir nochmal Sternschnuppenseifenblasen
und Seepferdchensterne zum Aufblasen
ich wünsche Dir eine „Gute Sternennacht"
bis der Himmel wieder gerne Zaubersterne lacht
allerliebste Sternenkönigin ANA, gib` auf Dich acht

Thomas Spiegl,
magischer-dichter777@web.de

Sie haben drei tiefsinnige Wünsche ans Universum frei. Bitte übergeben sie die Wünsche an die Elemente

Erde, Feuer, Wasser (Fließendes Gewässer), Luft

weiter mit Imagination,

"Sich Vorstellen" und ganz doll wünschen mit geschlossenen Augen. Sie wünschen Geld oder Gold, ein Haus, ein Auto, etc.

bitte einfach mit "positiver Sinnhaftigkeit" belegen.

Ein kleiner Wunsch:

Ein mittelgroßer Wunsch:

Ein großer Wunsch:

232ANAS777

777

Das was ich sein wollte, bin ich gewesen   99
Was zum magischen Dichter ZANFIS auserlesen
und die Spesen am Himmels drogen
Zahlen die unsichtbaren magischen Wesen   7
des Auftrag, die Mission erfüllt
die Gedichtegeschichte zum einem riesigen Schneeball zusammengedrückt
es war ein richtiges sinnerfülltes Deseium
Schenkte den Menschen reinen Wein ein   14
Zu oft war das Herz gebrochen   21
war geschaffen um in mir, um mich das Böse zu unterjochen   49
es war jeden aufzulesten Weltschmerz wert
habe mich für Veränderung, das Neue eingesetzt Geschwert
mein Gewissen, meine innere Stimme, mußte laut rebellieren
hilflos und hinsehen meinen Verstand zu verlieren
War mit dem Vorgefundenen nicht einverstanden
mußte mich oft neu erfinden nach dem schmerzhaften Bauchlanden
habe in schweren Stunden   61
So manche tiefe Wahrheit gesehen die   134   63
wollte immer fair teilen
War stets bemüht zu heilen
trete berührn in die Geistige Welt über tauche ab tauche auf
mit zauberhafter Magie ändert man der Welten lauf   69
in Anbetracht von Raum und Zeit
der Wandlungsschmerz, eine Kleinigkeit   von Thomas 230
hinterlasse mein herzliches verschmitztes Lachen   Spiel 81
und all die zauberhaften Sachen   72
mein Ableben, wandert weiterleben, die Stimmung heben
verursacht Tsunamis und Erdbeben
die Spinne steht für Veränderung, der Falter für den Wandel
weinend vergnügt annehmen den bevorstehenden Seelenhandel
Vor Schmerz von Sinnen lasse das Unvermeidliche Beginnen
Nach dem Handeln wird das Herz kummerschwer
wer weint mit dem rede ich kein Wort mehr

Der Wasserspaß von Thomas
macht so richtig nass, na sowas

den Brunnen in die Herzen pflanzen
mit tiefsinnigem Wissen im Ganzen
weises Denken und Handeln schenken
mit Wassermagie, Fantasie die Sterne lenken
Wasser fair durchdacht teilen
und nicht am Chaos feilen
auf der Regenbogenbrücke steht´s geschrieben
Wasser belebt, Wasser muss man lieben

Die Königin ist zum 10mal 42 Jahre alt geworden

Auf der Regenbogenbrücke steht´s geschrieben
die richtige Sternenkönigin ANA muss man unbedingt lieben
zum 10mal 42 Jahre alt geworden
ich reiche den Geburtstagsglückwunschorden
ich alter Zauberlurch
kitzl´ dich virtuell noch mal ordentlich durch
7 magische verliebte Gedichte durch meine göttliche Hand gereicht
Wortzauberei die mich immer wieder tröstlich beschleicht
mein Herz, meine Tür steht Dir immer noch offen
ein liebevoller Blickkontakt, man darf noch hoffen
ansonsten entlasse ich Dich jetzt in die Unendlichkeit
schöner wäre ein tiefsinniger Moment zu zweit
naja, ich hoffe es gibt die warme Hand
als Alternative gibt es immer noch das Zauberland
keine Sorge ich bleibe real
Verliebt sein ist halt schon mal ne´ Qual
Also, lass Dich feiern von Deinen Freunden und Lieben
ich wünschte es wäre ein guter Moment zwischen uns verblieben
mit Sternenprinzessinen gebe ich mich ungern` zufrieden
die anbetungswürdige Königin ANA hat sinnlich mehr zu bieten
ein bisschen Mut   137
ich wünsch´ es Dir, das wäre so gut
würde gerne mit großem Abstand ein bisschen Freund sein
ich wünsche viel Geburtstagsonnenschein
falls Du antwortest, bitte ohne Gift und Rotstift
dann gibt es auch einen fantastischen Sternenhimmellift

Magischer 23Zauberalkohol777

Mit einem 23Zauberwein777, 23Zauberbier777
wird man zum komischen 23Zaubertier777
Alkohol = Verdorbenes faules Wasser
najaaaaa, alles ist dann halt viel krasser
verrücktes giftiges Wasser, hilft lachen
ermöglicht alle möglichen, unmöglichen schmutzigen Sachen
es enthemmt, macht aggressiv
oft geht dann halt was schief
man sieht die Welt lustig verkehrt
wenn sich da mal nicht der Teufel beschwert
Heilung braucht Entspannung und Schlaf
das Gift gut dosiert, macht auch schon mal brav
Sei Dir trotzdem bewusst
es kommt bei Überdosierung der Katerfrust
Ich, Du: „Auch wenn ich vorübergehend den Verstand verlier´
Anstand und Benehmen trage ich doch in mir".

Thomas Spiegl   4.2.2022

Es werden hier von mir Zauberunikate angeboten, die ich individuell für sie
anfertige, oder falls ich nicht mehr verfügbar bin, benutzen sie die Dinge als
einfache spaßige Anleitung, Inspirationsquelle zur eigenen Zauberei.
Als erfahrener Handwerker und Künstler passe ich die kleinen Kunstwerke
ihren Bedürfnissen an. Ich berate sie gerne. Die Sachen müssen bar oder
per PayPal im Voraus bezahlt werden. Die Preise werden individuell
ausgehandelt. Im Moment nur auf Anfrage sehr selten verfügbar.
Mit dem Erlös werden alleinerziehende Mütter und ihre Kinder unterstützt.
Ich möchte eine kleine Zauberschule aufbauen und eine Zauberbastel-
Bastelgruppe ins Leben rufen oder dazu anregen die Welt mit dem Herzen
zu bewegen. Die Bilder finden sich auf Anfrage auf meiner privaten
Webseite oder auf Facebook. Sie benötigen ein Passwort für die Webseite
oder eine Einladung bei Facebook. Ich versuche die Sachen auch auf
youtube zu platzen, bitte um Geduld. Es besteht auch ein Onlineshop,
dieser müsste aber erst überarbeitet werden, auch da bitte um Geduld.

- Mein Buch „Ein Gedichtband aus dem Zauberland" wird hier zum
  Verschicken per E-Mail oder Post angeboten (mit persönlicher
  Widmung), man kann es mittlerweile auch online im Buchhandel
  kaufen. Es beinhaltet meine schönsten Gedichte und die eine oder
  andere lustige und nachdenkliche Sache. Meine von mir erfundene
  23Wassermagie777 wird erklärt. Es ist eine emotionale
  Achterbahnfahrt, die wie aus dem Nichts entstanden ist.
  Die Themen sind Wahrheit, Gerechtigkeit, Freiheit, Liebe und
  Magie. Es bedient das liebevolle Kümmern um eine Einzelperson.
  Die Voraussagen für mein Leben die in diesen Gedichten getroffen
  habe, sind oft eingetreten. Es ist eine individuelle spirituelle
  Begegnung mit dem Leben und seinen Menschen. Es beinhaltet
  mein Wissen, meine Erfahrungen, meine Weisheiten, meine
  Vorhersagen und meine Visionen. Auch online im Buchhandel für
  9,99,Euro erhältlich.

- Der „Gedichtezauberstab" auf sieben bis neun Ebenen. Sie können die Gedichte auswählen und ich setze die Bastelarbeit präzise um. Man kann einen Ring oder ein Licht daraus zaubern. Bauzeit 3 – 4 Stunden. 177,77€
- Ein kleiner Gedichtezauberstab (1 Ebene) mit dem man ein Licht oder einen Ring herbeizaubern kann. Bauzeit 2 Stunden. Kaufpreis 77,77€
- Wassertornado mit Licht und Zauberstab. Auf meine Webseite sieht man wie der Wassertornado funktioniert. Man kann damit Wasser beleben und vitalisieren. Erklärung 23Wassermagie777 wird beigefügt. Bauzeit je nach Ausführung mit und ohne Zauberstab 3 bis 7 Stunden. Der Kaufpreis ist 123,23€ bis 223,77€.
- Kleiner Wassertornado mit Symbol EMuS. Erklärung Wassermagie777 wir beigefügt. Bauzeit 1 Stunde. Der Kaufpreis ist 49,77€.
- Der magische Test. Sie haben zwei Minuten Zeit das Objekt nachzubauen. Sie dürfen es nicht anfassen. Es sind genau drei Schnitte erforderlich. Sie können es biegen, wie sie möchten. Die Bauzeit beträgt eine halbe Stunde. 23,77€
- Magische Wünschelrute aus Stahl. Selbstanfertigung mit eingebuchten magischen Zahlen. Bauzeit 1 Stunde. Kaufpreis 49,77
- Magische Klappbox, um einen Schmetterling und einen Geldschein herbeizuzaubern. Bauzeit 2 Stunden. Kaufpreis 99,77€
- Magische Geldbox (verschiedene Ausführungen), um einen Euro weg zu zaubern und dann werden 2 Euro herbeigezaubert. Bauzeit 7 Stunden. 299,77€.
- Flatterschmetterling im Brief mit Bildern und Licht. Zum Erschrecken und Schocken. Gedichte und Bilder können individuell ausgewählt werden. Bauzeit 1 Stunde. 49,77€.

- Schneeflocken. Nachbau aus Folie zum Beleben von Wasser. Verschieden Größen. Wassermagie777 Erklärung wird beigefügt. Bauzeit 2 bis 4 Stunden. Kaufpreis 299,77.
- Zauberstab zum Zaubern von einem Euro und einer Fingerpuppe. Verschieden Ausführungen, auch in Regenbogenfarbe Bauzeit 4 Stunden. 199,77€.
- Magischer Wunschluftballon mit Helium. Der herkömmliche Luftballon wird mit einem Schwebezeitverlängerer bearbeitet. Bekommt ein Licht. Es werden sieben kleine und große Schilder angebracht. Ich habe mir selbst damit mehrfach Wünsche erfüllt. Es gibt hierfür genug Zeugen. Bauzeit 1 Stunde. 49,77€.
- Magischer Zauberstab um 1,-€ und einen Geldschein herbei zu zaubern. Gegebenenfalls mit einer Einhandrute und der entsprechenden Erklärung wie Zauberenergie und Wassermagie777 funktioniert. Bauzeit 7 Stunden. Kaufpreis 323,77€.
- Ein Gedicht mit Zauberlicht als Untersetzer 10cm * 10cm Bauzeit eine halbe Stunde. 23,77€
- Magische Zauberrolle um Knicklichter als Zauberstab herbei zu zaubern. Filigrane genaue Handwerk-Bastelarbeit. Bis zu 20 Zauberstäbe (Knicklichter) zum Leuchten können aus der Rolle gezaubert werden. Mit individuellen Bildern auf der Außenseite. Bauzeit 14 Stunden. Kaufpreis 777,23€
- Magischer Flaschengeist und magische Zauberenergieabfrage. Den Zufall gibt es nicht. Den zufälligen Zufall schon mal gar nicht. Spaßige Sache, um Antworten vom Universum zu erhalten. Bauzeit 2 Stunden. Kaufpreis 99,77€
- Magisches Zauberlotto777 vorführen und eine individuelle Pendeltabelle anfertigen. Zauberlotto777 erklären und Lottozahlen pendeln. Bauzeit 3 Stunden. Preis 323,77€
- Handschriftliches Gedicht von mir aus meinen drei Büchern. Es werden magische Zahlen mit ein gebucht. Kunst strahlt in den

Raum aus, das kann man mit dem Pendel bei ihnen zuhause messen. Es wird eine individuelle Widmung in Reimform von mir ausgedacht. Kaufpreis ab 300,-€.

- Magischer Eispalast für die Eiskönigin oder Minions. Mit Lauflicht und von vier Seiten bespielbar. Material Makrolon (transparenter Kunststoff). Höhe ca. 123cm. Auf Rollen mobil zum Schieben. Es sind 3 Ebenen mit vier Räumen, die mit einer Tür verbunden sind. Die Tür ist mein Zauberlogo EMuS. Individuelle Wünsche werden eingearbeitet. Bauzeit ca. 23 Stunden. Kaufpreis ab 2223,77€. Bild oder Zeichnung wird erstellt.

- Magische symbolische individuelle Selbstheilung. Beratung wird vereinbart. Es wird mit 23Wassermagie777 gearbeitet und sieben individuelle Untersetzer angefertigt. Eventuell auf Wunsch werden Bilder DinA4 oder DinA3 angefertigt. Stundenlohn 99,77€.

- Geheimnisvoller Zauberauftitt für Kinder bis 10 Jahren. Eventuell mit der Eiskönigin. Als Rollzauberer 23ZANAS777 erkläre ich Kindern wie Magie funktioniert. Stundenlohn 99,77€

Auf meiner Webseite ersichtlich.

www.magischer-wasserspiegl777.de

(Individueller Ort zum Zaubern wird zusammen ausgedacht, gebucht). Sie werden eingeladen selbst zu Hause bei ihren Lieben zu zaubern.

Friedensgedicht mit tröstendem magischen Wunschlicht

Darf man überhaupt etwas wagen zu sagen,
wenn Millionen, Milliarden, Hunger, Durst, Angst und Weltschmerz ertragen?
die traumatisierten furchtbaren Wunden scheinen nie zu heilen
wenn die Mächtigen beständig am unnötigen Chaos feilen
was kann man den Gequälten mit auf den steinigen Weg geben
nicht nachlassen, in Bewegung bleiben, liebt euer Leben
schaut nach links und rechts, auch wenn Bomben fallen
bleibt solidarisch in kleinen wie großen Gruppen, Widerstand soll erschallen
symbolische Gesten, leeres Gerede und Spenden reichen nicht aus
lässt man das Böse gewähren dann brennt auch bald dein Haus
jetzt zählen Teilen, Tapferkeit und mutige unerschrockene selbstlose Taten
mal erschöpfte göttliche Geschöpfe zu sich nach Hause einladen
helft die schwere unerträgliche Last irgendwie zu tragen
Geduld, Hoffnung, Weitsicht, es nicht wagen zu verzagen
zwingt man Dich zu schießen, fang` an zu beten   140
fühl´ den beißenden Schmerz, zeig´ Deine Einsicht und Reue einem jeden
vielleicht noch verschwommen, siehst Du am Horizont den Frieden kommen
mit nachhaltiger Verhaltensänderung wird sich dann in Würde benommen
trauriger Soldat im Schützengraben, Mutter alleingelassen auf der Flucht
der nächste Regenbogen ist nur für euch gebucht
eure Tränen wandeln sich in Schneeflockenzauberei
im Unfassbaren, Unaussprechlichen sind auch friedliche Momente dabei
reicht jedem Kind die beruhigende Hand
entführt sie mit Fantasie in ein Märchen oder Zauberland
vielleicht wird jetzt eine neue entschlossene gerechte Generation geboren
viele Individualisten mit Selbstverwirklichung auf Liebe eingeschworen
schicksalhaft den Blick tröstend zum Himmel, zu den Sternen richten
wenn es geht bitte unbedingt auf Gewalt verzichten
wer das Schwert hebt, fällt durch das Schwert
ich bleibe die letzte Antwort schuldig, hoffe das Böse macht kehrt
ich schicke euch mein Mitgefühl, meine Liebe, meine ganze Schaffenskraft
mit diesem Friedensgedicht nehme ich das „Böse" in Beugehaft
drei magische tiefsinnige Wünsche an die Elemente hast du jetzt frei
mit „Sich ganz doll Vorstellen", Weltfrieden ist auch dabei

23Friedenskind777

Es ist sehr provokant, Friedenskind, ich spreche Dich jetzt direkt an
ich sage Dir das man selbst etwas gegen Trauer und Angst unternehmen kann
ich lade Dich ein, einfach weiter zu spielen
mit Grimassen, laut schreien, singen und Augen schielen
mit einem liebevollen kindlichen Lachen, mit lustigen Sachen machen
kannst du einen beständigen wendigen notwendigen Zauber entfachen
lass´ Dir neugierig das geschenkte Leben, das Universum erklären
eigensinnig wachsam, lerne mutiges faires Beschweren
beschäftige Dich einfach mit einfachen Bastelarbeiten
Origami, Schiffchen, Flieger bauen, der Fantasie den Weg bereiten
Wandel alles um Dich in deinen kleinen feinen geheimen Spielplatz
ich bin sicher, überall entdeckt man einen großen wertvollen Schatz
findet sich ein langweiliger, in sich trauriger, Besserwissertherapeutenclown
er soll Dir mal sein friedliches Zuhause, sein Herz richtig anvertrau`n
bleib` stur, einfach weiter zaubern und klabautern
„Grenz' Dich ab"????!!!!, das „Böse" soll vor Deiner Liebe erschaudern
bleib´ stur, sieh` die zauberhaften Wunder der Mutter Natur
genieß´ Schneeflocken, den Regenbogen, Vögel singen, anmutige Magie pur
schau´ tröstlich zum Himmel auf, tief bewegt zu den Sternen
es gibt so viele tolle Dinge zu verstehen, zu lernen
fordere Dein Recht auf kindliche Fröhlichkeit ein
zeig´ allen Du bist der schönste Sonnenschein
lass` Dir tiefsinnige Märchen erzählen, erfinde Dein eigenes Ritual
„dräng` Sie tapfer zurück", die irdische unerträgliche Schicksalsqual
verwandel´ Dich so oft es geht in ein „Friedenskind"
sei dann geschwind einfach vor kindlicher Liebe blind
spielen, turnen, hüpfen, klettern, tagträumen, singen, lachen und kichern
nur ihr könnt` den Frieden auf Erden jetzt und in Zukunft sichern
lasst euch die Freude am Leben nicht nehmen   141
die schuldigen „Erwachsenen Politiker", Geldmenschen müssen sich schämen
nicht nachlassen, sich weise und tatkräftig spielerisch mit allem befassen
die Erwachsenen auffordern nicht unsinnig zu hassen
fordert euere Liebe, sich Kümmern, Geborgenheit, Frieden und Sicherheit ein
schreit es laut heraus: „Ich möchte spielen, nicht mit Angst allein sein"